卖货真相

小马宋·著

中信出版集团 | 北京

图书在版编目（CIP）数据

卖货真相 / 小马宋著 . -- 北京 : 中信出版社，
2023.10
　ISBN 978-7-5217-6025-5

　Ⅰ. ①卖… Ⅱ. ①小… Ⅲ. ①营销－通俗读物 Ⅳ.
① F713.5-49

中国国家版本馆 CIP 数据核字 (2023) 第 171268 号

卖货真相
著者：　小马宋
出版发行： 中信出版集团股份有限公司
　　　　　（北京市朝阳区东三环北路 27 号嘉铭中心　邮编　100020）
承印者：　嘉业印刷（天津）有限公司

开本：787mm×1092mm　1/16　　印张：18.25　　字数：204 千字
版次：2023 年 10 月第 1 版　　印次：2023 年 10 月第 1 次印刷
书号：ISBN 978-7-5217-6025-5
定价：79.00 元

感谢小马宋的团队
没有你们，我终将孤军奋战
感谢我的家人
有了你们，我如此生机盎然

目录

第一部分
渠道

第二部分
推广

第三部分
品牌

番外篇

后记

怎么卖货——创业前要想清楚的
最重要的一件事

卖不出去，设计和生产就变得毫无意义。

在阅读本书之前，我们应先达成一个共识：今天99%的创业者做的产品都没有特别的壁垒。只有达成这个共识，接下来我们讨论的话题才有意义。

我还常常遇到这样一些创业者，他们是某些产品的重度消费者，甚至是某方面的专家，因为对市面上现存产品的品质不满，所以决定自己创业做产品，他们的理想是做一个让自己满意的产品。

当然，在极少数领域确实会存在这种问题，但更多的真实情况是，所谓更高品质、更让人满意的产品，早就有人尝试过了。不是没有人做，而是因为其他原因，这件事行不通。比如，更高品质就意味着更高的成本，更高的成本就意味着更高的售价，更高的售价就意味着消费人群的急剧缩小，最后导致终端销售无法持续。不是别的厂家做不出来，其实是做出来不好卖。

还有更多的创业者，其实也没想过要改造这个行业，只是觉得这个买卖不错，自己也想干。结果一头扎进去，把产品做出来了，却不知道怎么卖。

在人类社会发展的相当长的历史阶段，我们的物资供应一直是匮乏的，所以过去很长时期内，商业历史更多的是生产制造发展的历史，谁能更高效地制造出产品，谁就能获得收入，销售本身不是特别大的问题。在那些年代，人类要克服的困难，主要是产品创造、生产效率、跨地区运输和贸易等问题。中世纪时期，中国瓷器开始流入欧洲，欧洲贵族和皇室震惊于这些瓷器的精美，纷纷购买和收藏。为了满足这种跨地区的物质需求，才有了后来的大航海时代。但即使是开辟了新航路，由于运力和海运的风险，来自中国的瓷器依然供不应求。拉着一船中国瓷器顺利到达欧洲，就像拉来一船黄金一样。

过去的生产效率不高，运输效率也很差，况且海运还要抵御海盗的抢劫，所以跨地区运输成本非常高。在《贸易打造的世界》一书中，我找到了一些数据。在中国晚清时期，如果从杭州走陆路运大米到北京，每走1英里（约1.6千米），每袋米的价格就要增加3%左右；杭州到北京的陆路大约1300千米，这么算下来，大米运到北京价格就要涨24倍。所以古代统治者才不惜血本，开凿了京杭大运河。古代水运的成本比陆运低得多，有码头的城市商业就更繁荣。所谓山养人丁水养财就是这么来的。

但是得益于二战之后人类社会生产效率和运输效率的飞速提升，产品制造和全球运输早就不是问题了。人类发明集装箱之后，跨洋运输价格进一步降低。今天中国企业出口的海运费用，大概只占出口商品货值的5%~10%，运输成本已经不是商家主要考虑的问题了。

这是我们今天的商业面临的问题。生产制造不是问题，问题是，怎么卖出去？

怎么才能把商品卖出去，这个问题有很多维度的解答。本书是讲营销的，从营销的角度来说，卖货主要就是靠 4P[①] 中的后两个 P：渠道和推广。（4P 的内容在《营销笔记》及本书后文都有详细介绍。）

推广，解决的是和消费者的沟通问题，即你有什么好东西，你要让顾客知道并了解。渠道，解决的是商品的物流运输、储存、交易和交付等问题，即你有一件商品，你要让顾客顺利地买到这件商品，并且方便地交付给顾客。你推广做得越好，顾客就对你越熟悉，渠道销售就越简单、越容易成交。

在卖货这件事上，老牌公司和初创公司面临的问题是非常不同的。老牌公司面临的是如何在现有基础上扩张旧的渠道，如何拓展新的渠道，如何找到更高效的推广方式。大多数初创公司则是懵懵懂懂，摸着石头过河。尤其是一些莽撞的创业者，以为这事很容易，等到把产品生产出来了，却不知道怎么卖。这样的创业者不在少数。

所以，在今天这个物资丰沛的时代，我给创业者最重要的提醒就是：在创业之前要想好怎么销售的问题。如果你不是营销或者销售出身，或者对营销不甚了解，那最好找一个合伙人或者高管来负责卖货。尤其是在今天的中国，普通商品的供应链和生产早就不是什么问题，去找个代工厂给你把商品生产出来并不难，那如何卖货就显得尤为重要了。

卖货涉及的事项非常多，在渠道方面，你需要大量帮你工作的代理商，你的货要能铺到线上线下的各个平台和零售终端。在终端，你

---

① 4P 指 4P 营销理论，即产品（product）、定价（price）、推广（promotion）、渠道（place），它们构成了营销的四个基本策略。——编者注

要保证你的货能快速大量地销售。顾客购买后，你还要有良好的售后服务、客户关系维护，以及促进客户复购的手段等。对整个渠道的人员进行管理，也是一个复杂的问题。飞鹤奶粉有 8 万名线下促销员，可口可乐有几百万个零售终端，爱玛电动车有 2 万多家线下门店，可想而知，这是一套多么庞大和复杂的组织体系。

当然，初创公司并没有这么复杂。我见过的一些新消费品公司，它们把生产和研发交给上游供应商来做，几十个人主要负责销售，在线上甚至能做十几亿元的流水。当然这就需要极度高效的投放策略和精细化运营。这样看起来很好，但其实绝大多数初创公司都不具备这种能力。虽然有些操作并不是那么复杂和难以理解，但问题的关键在于，你不了解这个操作。这就是行业经验的壁垒，这些公司都在小心地维护和屏蔽自己的这些操作技巧。

我认识一家做线上培训的公司，他们对外宣传时总是讲自己的操作技巧，其实这些说法大多是蒙蔽同行的烟幕弹。当企业发现了一个全新且有效的推广方式和渠道，会小心地保护它不被同行发现，这本身就说明了这件事的重要性。

还有很重要的一点，大多数初创公司没有那么多推广费用，也没有现成的渠道，这些都是巨大的限制。那你怎么把商品卖出去？这是需要在创业前就想好的问题。

接下来，我会带你一步一步了解关于渠道和推广的问题。

第一部分

渠道

笔记 1

4P 是一个你中有我、我中有你的体系

> 这约上并没有允许你取他的一滴血，只是写明着"一磅肉"；所以你可以照约拿一磅肉去，可是在割肉的时候，要是流下一滴基督徒的血，你的土地财产，按照威尼斯的法律，就要全部充公。
>
> ——《威尼斯商人》

我在《营销笔记》中就着重介绍了 4P，但是只展开讲了 2P，即产品和定价，读过那本书的朋友应该很熟悉。所以作为《营销笔记》的姊妹篇，我会在本书中着重把剩下的 2P，也就是渠道和推广展开来讲。

我们说营销的全部活动就是由四部分（4P）构成的，但我们不能认为产品、定价、渠道和推广是截然分开的。这四个部分在概念和功能上是互相独立的，可是在营销实践中，这四个部分又会互相交叉和重叠。我知道，很多读者会这么想，产品就是产品，定价就是定价，渠道就是渠道，推广就是推广，怎么会有重叠呢？

乍一想，好像确实如此，其实不然。

比如你的产品上了东方甄选，董宇辉在帮你卖货，那东方甄选作为渠道，就承担了推销和交易的功能，这是渠道应有的功能；但作为一个关注度极高的直播平台，它同时也是在推广你的品牌。董宇辉直播之后，你还可以把这个直播视频切片做成短视频来宣传自己的品牌和产品，这时候东方甄选和董宇辉又成为你品牌的一个背书，并起到了代言人的部分作用。在这里，东方甄选既是渠道，又承担了推广的功能。直播就是把渠道功能和推广功能合二为一了，而且今后这种情况可能会越来越多。即使是传统的大卖场，比如沃尔玛、大润发、永辉超市等，卖场内的活动、堆头、陈列、视频展示等在作为渠道的同时，也具有推广的作用。

河南许昌的胖东来超市，算是超市行业的一个商业传奇。早些年河南当地有一个玩笑，说以胖东来超市为圆心，2000米半径内被称为"超市坟场"。就是说，只要胖东来开了店，别的超市就没有活路。2005年胖东来进驻河南新乡，它周围的三家超市非死即伤，台湾品牌丹尼斯随即关门，世纪联华干脆把门店卖给了胖东来，沃尔玛犹豫了6年才开业，开业4年就关门了。

如果是别的超市有这样的影响力，它们的供应商可能会苦不堪言，因为这样的超市往往会店大欺客，供应商的利润会被压榨到极限，但胖东来的供应商却避免了这样的遭遇，中国的消费品品牌甚至都以成为胖东来的供应商为荣。为什么呢？因为胖东来是零售行业的标杆，每天都有大量的商超零售同行来胖东来考察学习、偷师学艺。一个零售品牌要是上了胖东来的货架，那就是在面向全国的商超同行进行广播，所以再去开发其他零售终端就容易多了。这当然也是一种to B（面向企业）的推广方式。

推广包括广告、公关、"种草"、打折、直播、试吃等。这些推广活动都能促进销售，但都是常规推广方法。现在我们来看一个案例。2021年9月29日，上海迪士尼乐园推出了玲娜贝儿这个IP，它从未出现在迪士尼的任何一部电影中，首次出现就是在迪士尼乐园里。因为玲娜贝儿的出现，有关它的种种内容被疯传，这就吸引了更多游客去迪士尼乐园游玩。那么，本质上说，玲娜贝儿的设计就是一种"推广"设计。可是，玲娜贝儿同时也是迪士尼乐园的"产品"之一。我们在盘点迪士尼乐园产品的时候，也会把玲娜贝儿列入其中。

再比如，谷歌推出的AlphaGo（阿尔法狗）是第一个战胜围棋世界冠军的人工智能机器人，它引起了全球范围内对"深度学习"算法的关注。AlphaGo既是谷歌的一款科技产品，同时又是一个公关型产品，起到了推广谷歌的作用。小米公司在2016年发布的MIX，良品率并不高，远没有达到量产的水平，即便如此，小米还是决定发布这款有些超前的产品，这为当年危机中的小米挽回了特别大的声誉，在小米重振过程中起到了良好的宣传作用。这个系列的手机既是产品的一部分，又是推广的一部分。

我在《营销笔记》中提到，包装也是产品设计的一部分。同时，包装在货架上又承担了推广的功能。所以我们在分析产品的时候会提到包装，我们罗列促销手段的时候也会考虑包装，因为产品包装，尤其是线下货架的产品包装，是促使顾客下单的重要手段。

快消品的渠道有直采、经销商、代理商、批发商、零售终端、临期渠道、社区团购、直播带货、C2M（用户直连制造）、传统电商等多种形式，不同的渠道会拥有不同的产品，不同的产品又会有不同的价格。所以有时候渠道即产品，产品即价格。2022年，我在长沙考察专业零食连锁品牌"零食很忙"，发现国内某著名牛奶品牌在零食很忙店内销售一种小规格鲜牛奶包装，而这种包装规格在其他零售渠道均无销售。为什么呢？因为零食很忙用小包装称重，价格亲民，如果按照其他渠道的售价，零食很忙不会同意销售，但降价销售又会与其他渠道乱价。因为零食很忙销量很高，估计品牌方就做了妥协，单独推出了一款小规格的鲜奶，单独定价，单独销售。这就是渠道、产品、定价、推广，你中有我、我中有你，互相影响、相辅相成的关系。

我接触的一个客户"有零有食"主要做冻干水果零食，在某些零食专卖渠道，渠道方就要求它做更小的包装和更低的单价，因为这些渠道的客户主要是青少年和儿童，他们手里的零花钱不多，所以这里的零售商品就需要低价，而且老板也不希望顾客买了一次很久才复购，这样商品就不能做太大的包装。在这样的渠道，就需要设计更小的包装和更低的价格。而像麦德龙、山姆会员店等卖场，它们就需要更大包的囤货装。

4P 的四个部分囊括了营销的全部内容，它们既相互渗透又各自独立。我在这里说的独立指的是概念上的独立，而不是形态、载体或组织上的独立。在每一项具体内容上，它们都可能会有交叉或重叠的部分。

在 4P 中，产品是一种物质层面的创造或者服务方面的设计；定价则是一种经营决策行为；渠道是围绕交易和交付而生的各种各样的参与者，为了协调这些参与者，会涉及诸多管理和组织问题；推广是一系列与目标人群的互动活动，包括内容设计、展示等许多环节。那产品中是不是可以有内容设计？当然可以有，产品包装本身就包含了内容设计。那定价或者重新定价，是不是可以形成一种推广活动？当然可以，降价促销本身就是推广与定价合一了。

这有点像人体的不同系统。人体有运动系统、神经系统、消化系统、内分泌系统、循环系统等，比如消化系统中的肠胃，其实和神经系统是分不开的，运动系统也不可能离开神经系统来工作，循环系统为各个系统带来养分、能量和氧气，等等。实际上，你不能指着胃说，这只是一个消化器官，因为胃中还包含了循环系统中的血液、神经系统里的神经等。这就是本篇笔记开头我引用《威尼斯商人》台词的目的。

在4P中最容易搞混的其实是渠道和推广。有时候它们看起来确实合二为一了，比如开头说的东方甄选。但是，它们本质上还是不一样的。渠道其实是一套组织系统，渠道的构成元素是参与商品交易和交付的所有组织和个人，渠道是由这些参与者构成的。

所以东方甄选这个直播带货平台是你的一个终端渠道。渠道的核心和关键，是要对所有参与者进行维护、组织、监督、合作、任务分工和利益分配。这是一套组织管理体系，而且渠道很多成员不是你的下属或基层组织，你对这些渠道并没有管理权力，你只能协调和维护。

而推广是为了促进商品成交而做的所有决策和行动，比如做漱口水，你在大润发参与了加一元换购，这就是一种推广活动，大润发则是你的终端渠道。

渠道指的是人、企业、组织、机构，推广指的是一系列行动，包括打折、陈列、广告、直播、发传单等等。

很少有人在这件事上这么较真儿，不过我感觉我把这件事说明白了。

笔记 2

渠道能力几乎决定了创业公司的生死

世界上没有几家公司能经营好可口可乐，因为管理可口可乐的渠道实在太难了。

1921 年，香奈儿品牌创始人嘉柏丽尔·香奈儿女士想要推出一款自己品牌的香水。当时的调香师给她调制了很多种香水，在进行盲测时，每一种香水都是用一个数字标号的，然后请香奈儿女士来挑选。

你可能猜中了，香奈儿当时选择的标号就是 5 号，这就是后来大名鼎鼎的香奈儿 5 号香水，随后这款香水持续风靡全球至今。

不过，当初的香奈儿 5 号香水可不像现在这么有名，销售的问题很难解决。香奈儿为了销售 5 号香水，就与当时的香水商人皮埃尔·韦尔泰梅一起成立了香奈儿香水公司，这家香水公司的股东还包括巴黎著名的百货店老佛爷的创始人西奥菲勒·巴德。

不过让人惊讶的是，香奈儿女士本人只拥有这家香水公司 10%的股份，韦尔泰梅则拥有 70% 的股份，巴德拥有 20% 的股份。这看起来是不是很不合理？毕竟创造香奈儿 5 号香水的人是香奈儿女士。

其实，这也不奇怪，因为香奈儿只有产品，没有掌握销售渠道。在当时的情况下，你只要拥有销售渠道，就可以将香水销售出去。所以你看，占有香奈儿香水公司最多股份的其实不是创始人，而是两个重要的渠道商，一个是香水商人，他可以叫作香水的代理商；一个是著名百货店老佛爷的创始人，代表了香水的终端销售渠道。这就是营销渠道的典型代表。直到今天，韦尔泰梅家族依然控制着香奈儿香水公司。

过去来找我们的许多客户都是带着"好产品"过来的，他们希望通过我们的营销咨询能让好产品大卖。比如我曾经的一个客户，他们在云南有一个很大的三七种植基地，产品非常好，是云南白药等大型企业的原料供应商。他们想做一个面向消费者直接销售的三七产品，请我们做营销咨询。

这家企业既没有任何 to C（面向消费者）的销售经验，也没有雇用相关的销售人才，他们的优势和经验都在种植、栽培和生产方面。但在今天这个产品过剩的时代，即使产品品质很好，也是很难销售的。

对于这一类企业，我通常给出的建议就是香奈儿女士当年在做香奈儿香水的时候的做法：找到一个本身有渠道或者有渠道能力的合作伙伴，成立合伙公司，你负责产品研发、设计和生产，对方负责渠道和销售。从成功率来说，这是最可行的一种方法；退而求其次，是找到一个拥有渠道和销售经验的人或者团队加入公司，让他（们）直接负责组建公司的销售和营销部门。尽管后来香奈儿女士很后悔自己没有拥有香奈儿香水公司的控制权，但就当时的情况来说，这是让香奈儿香水走向市场并且成功的最可行的方法。

创始人可能会表示这么做有困难，但我通常会说，有困难是正常的，没有困难才是不正常的，否则凭什么是你成功，而不是别人呢？如果你觉得开拓销售渠道很难，那就不如回去好好做产品，走to B 的商业模式。

如果一个人想创业做一家公司，除了产品，优先考虑的就应该是渠道，因为渠道能力几乎决定了创业公司的生死。不管是传统的线下渠道还是快速发展的线上渠道，可以这么说，只要精通其中一种渠道的操作运营方式，让公司生存下来还是没问题的。至于再大的发展，那就是公司日后如何培育核心竞争力的战略问题了。

2021 年夏天，我去广东太古可口可乐有限公司粤东营运中心拜访，跟该中心的市场销售总监潘利华交流。我们讲到可口可乐的成功秘诀，潘利华表达了如下观点。

都说可口可乐是品牌打造的典范，这一点可能也没错，但这会给人一个错觉，觉得像可口可乐这种公司只要品牌好就可以了。其实，如果有谁觉得拿到可口可乐的品牌就可以经营下去并发大财，那就有点幼稚了。可口可乐如果没有庞大而有效的组织机构，尤其是像毛细血管一样的线下销售网点（可口可乐在中国有超过500 万个销售网点、超过 5 万的地推人员，也就是说，在中国平均不到 300 人就拥有一个可口可乐的销售网点），是不可能实现今天的业绩的。从这个角度看，几乎没有几家企业具有这种组织机构和组织能力。如果有公司拿到了可口可乐的经营权，它在头几年也许会赚钱，但是如果它的渠道组织能力很弱，那么它在几年后很可能会把这个品牌搞砸了。就线下销售渠道和销售组织的管理而言，可口可乐可以说是无可匹敌的。

线下渠道不仅仅是铺货点数量的问题，还要具备让线下销售网点动销的能力。今天大部分商超进货，一般只有 3~6 个月的销售观察期，如果你的品牌铺货进了超市，却在 3 个月内没有怎么动销，那就会面临下架的问题。过去的动销是通过大量的广告或者优惠活动来做，但今天广告的效果已经式微，也就意味着"终端即动销"的时代过去了。

飞鹤也具有异常强大的渠道管理能力。它每年要在全国各地的线下渠道做 100 万场活动，正是海量的线下活动和强大的组织能力，才构成了飞鹤强大的渠道能力。

线下渠道很难组织，因为你要在 960 万平方千米的土地上铺设你的销售网点，单是地理空间上的分布就让人头疼。而线上渠道的能力似乎更好学一些。其实，真正把线上渠道用好，也会是一种强大的竞争壁垒。我们的客户中科德马克早期主要做不粘锅，它就具有非常强大的线上渠道运营能力。当时我们服务这个客户的时候，天猫排名前十名的不粘锅店铺，这家公司拥有四个（使用了四个不同的名称）。2020 年，中科德马克进入保温杯领域，用半年时间就将一个全新的保温杯品牌做到天猫前五名。

这个客户很低调，它在厨房器具领域的发展速度和销售额远比大部分新消费品牌都强，但它从来没有融过资。这种强大的渠道运营能力让一个公司短短几年就可以做到 10 亿元以上的规模，而且每年以 30%~50% 的速度递增。

在这个自媒体洪流滚滚的时代，不管是通过知乎、微信、抖音、小红书还是其他社交平台，一个博主只要拥有 1000 个忠实粉丝，就相当于掌握了一个坚实的沟通用户的渠道，他就可以通过这个渠道销售自己的产品或者代理一些品牌的销售。好一点的可以小康无忧，即使差一点，也能通过知识或者商品销售变现补贴自己的生活，而拥有更多粉丝的博主，就构成了一个独立的强势营销渠道。一个一个的个人联络者如果能够集合起来，就会成为当今营销渠道的颠覆性模式。

安利的直销模式其实就是通过个人关系形成一个个营销渠道的终端，只是这个方式在过去的条件下效率不够高。社交网络就为这种营销渠道提升效率提供了可能，让一个人开发顾客、联系顾客的效率极大提升，这其实就是今天的私域渠道和 KOL（关键意见领袖）、KOC（关键意见消费者），对应的商业模型就是微商、社区团购、自媒体电商、直播等。如果说淘宝、京东是将过去的线下卖场搬到了线上，私域、社区团购、直播则是把过去走街串巷、个人代理、集市上的吆喝等方式搬到了线上，而且效率提升了十倍、百倍甚至千倍、万倍。

2022 年我听到的业内消息是，传统电商的流量基本见顶甚至向下滑落。这些流量被拼多多、社区团购、抖音和快手的直播、小红书等接替和扩展。营销中的渠道变化越来越快，一旦动手慢了，一个品牌，尤其是新消费品牌就会流量见顶。

2021 年年中，我跟我们的客户隅田川交流，他们的挂耳咖啡在抖音的自播销售，一天的销售流水已经达到 10 万元。后来他们请肖战做代言，官宣当天，提前准备的 10 万份现货、售价 188 元的肖战咖啡礼盒在一小时内就销售一空。这让我重新思考，过去的很多经验是不是还有用。今天的明星代言已经成为一种变相的营销渠道了，只不过它的交付还是在电商和实体渠道，那如果明星开一个专门代言的电商商店，它不就是一个巨大的渠道吗？

当然我不是说线下渠道就不重要了，线下渠道依然非常重要，而且今天看，那些所谓的新消费品牌在线下渠道中胜出的概率并不大。

对某些品类来说，线下渠道依然是决胜之地，比如瓶装饮料。因为饮料的货值低、易碎、重量大、运输费用高，所以电商一直就不是饮料的理想销售渠道，饮料的销售主要还是在线下。

所以今天的品牌要想胜出，渠道的建设和竞争至关重要。不仅仅是你有没有渠道能力的问题，还是你能不能快速适应新渠道的问题。如果你没有渠道能力，那事情根本就不可能开始。比如那些具有代加工能力的厂商想做面向消费者的品牌，如果没有快速适应渠道的能力，很可能会死在半路上。比如从淘宝到微商、自媒体、直播、社区团购的演化，每一次新核心渠道的出现，一路上都是旧电商品牌的"尸骨"。

从工业革命开始，英国用几百万产业工人就成为日不落帝国，这个情况早就预示了工业革命后的产能过剩问题。当然，今天这个时代，除了极少数产品，几乎所有的产能都是过剩的。当生产不是问题，销售就是问题了。如果你不具备极强的渠道能力，只有一个好产品是不够的，况且你所谓的好产品，通常也不是不可替代的。

如果你正在准备创业，或者你的企业想转型，请一定要想好未来的渠道如何解决，否则，创业和转型就只会是一个空想。

如果你今天创造了香奈儿5号香水，那么请想一想，你的老佛爷百货在哪里？

笔记 3

渠道创新本身也是商业创新的一种

好渠道像黄金一样，是一种稀缺资源，谁掌握了金矿的秘密，谁就拥有了最大的财富，这是一个渠道淘金的时代。

什么是渠道？2015 版的《大辞海·经济卷》对营销渠道的定义如下：营销学上指由一些独立经营而又互相依赖的组织组成的分销链，引申为商品销售路线和流通路线。一般是将厂家的商品通过一定的社会网络或代理商卖向不同的区域，以达到销售的目的。传统分销渠道包括批发商、代理商和零售商，新型分销渠道包括连锁经营、网上销售等。

《辞海》（网络版）关于营销渠道的定义，更多地讲了渠道承担的细分功能：帮助产品或服务从生产者转至消费者并被使用或者消费的一系列相互依赖的组织。渠道常常被视为制造商的关键性资产，承担着降低顾客搜寻成本、分拣商品、使交易常规化、减少生产者与消费者接触次数从而降低交易成本的作用。营销渠道分为直接渠道和间接渠道两种。

现在我通俗地阐释一下这个定义：一个品牌要为顾客提供商品或者服务，就需要通过交易把这些商品和服务卖出去，并且交付给客户或者为客户服务，这就需要许多组织或者个人参与完成这个过程，渠道就是这个过程中所有的参与者。

完整的渠道包含了商品的流通路线和销售路线，比如顺丰包邮，顺丰就是渠道流通路线中的一个参与者。但是，大家在讨论渠道的时候，往往更注重销售路线，因为流通路线更容易搞定，销售则更难。因此我们在本书中讨论渠道，也将重点放在销售路线上。

当然从广义上来说，商品有实物商品和服务两种，企业提供的服务也需要渠道来进行销售和交付。酒店提供的是一种住宿服务，服务的交付都是发生在酒店里，但酒店通常会通过旅行应用、本地生活应用、旅行社来推广，那么旅行社或者旅行应用就是酒店的代理商，也就是酒店的渠道之一。再比如，帆书（原樊登读书）通过授权的销售代理商来销售它的会员服务，混沌学园在全国有许多城市分会，这些都是服务类的渠道体系。对今天的应用程序来说，App Store（苹果应用商店）和华为应用市场就是它们的渠道，各种 KOL、内容体系的推广也是它们的渠道。

我们以可口可乐为例。可口可乐总部在美国的亚特兰大。1978年 12 月，中美双方发表《中美建交公报》。1979 年 1 月 2 日，可口可乐就与中粮集团签署了合同，获准在中国建设瓶装厂，并在中国销售可口可乐。

今天的可口可乐在中国市场有两家特许经营商，一家是中粮可口可乐，一家是太古可口可乐。在销售区域上，太古可口可乐负责长江以南地区，中粮负责长江以北地区（这是个大概划分，实际执行中有过多次调整）。可口可乐在美国和世界各地生产它拥有专利配方的浓缩糖浆（包括其他饮料，如雪碧）。中粮和太古负责在中国地区的罐装以及各个省份的销售。中粮集团和太古集团就相当于可口可乐在中国的特许经营商。虽然中粮集团和太古集团在国内也有强大的营销体系，但它们同样需要一些经销商和代理商来负责不同层级的销售。

在全国市场上，你既可以在小杂货店、加油站买到可口可乐，也可以在7-11、全家这种便利店以及大润发这样的大型超市买到；你既可以在KTV、酒吧、夜店、餐厅、自动售卖机买到可口可乐，也可以从美团外卖、天猫超市、直播间等线上渠道购买到可口可乐；不管你回到老家的小乡村，还是在城市的地铁站，你几乎都可以随时买到可口可乐。

这就是渠道的力量。

当然，不同的商品有不同的渠道。比如中国移动，早年充话费，需要到一个移动营业厅或代理点去买一张充值卡，然后自己充值，充值卡就是一种交易和交付渠道；后来在淘宝买一个充值密码也可以直接充值了；现在你在支付宝或者微信就可以直接给手机充值。我们可以看到，中国移动产品的营销渠道一直在变化。

当一个产品的营销渠道变了，顾客的交易方式和需求有可能会产生巨大的变化。在这种情况下，企业需要对产品进行创新改造或者重新设计，以应对渠道的变化。你如果能随着渠道的变化进行产品创新，它就有可能给你带来巨大的早期红利，或者让你避免公司业务的停滞或者失败。

在以物易物的原始社会，渠道很简单，因为物品和物品是直接交换的，当两个物品交换完成，产品就分别从两个不同的生产者转移到了两个不同的需求者手中。交易和转移是同时发生的。对交易者来说，最麻烦的事情其实是找到对应的需求者。我们无从得知当时的人是如何获取各自的需求信息的，但这种获取别人需求信息并直接交易的过程，也是渠道功能的一部分。货币产生之后，社会生产进一步分工，比如有人专门做丝绸，他就成立了一个丝绸作坊，这个丝绸作坊早期可能是前店后厂的模式。丝绸生产出来，就直接在前面店铺里卖，那就相当于自己的专卖店。这种情况下，丝绸店要处在一个比较好的位置，才能方便顾客购买。由于是顾客自己来购买，不需要运输和交付系统，渠道相对简单。如果这个丝绸作坊越做越大，自己的店面已经无法销售这么多丝绸了，老板可能会雇更多的伙计走街串巷去销售，也可能在别的地方买一些店铺作为丝绸专卖店，或者在各地跟人合作，请当地人或者当地的丝绸棉布店代理销售他家的丝绸。这就是上门推销、直营专卖和代理销售的雏形。在这个过程中，不仅产生了销售行为，还产生了物流系统。因为丝绸是在某一个地方生产的，但销售并不局限在这一个地方，要想让消费者拿到丝绸，生产者就必须通过运输把丝绸交付到消费者手中。物流也是营销渠道的一部分。

在古代，由于运输相当困难，所以物流系统是渠道的关键。东方的瓷器运到西方，南方的丝绸运到北方，中国的茶叶运到欧洲，等等，只要能运过去，销售不是问题，因为这些东西在当地都是稀缺的。所以古代的物流系统是稀缺的渠道能力。

现代运输系统发展起来之后，货物的运输就不是特别大的问题了，但"最后一公里"的问题不好解决，商品还不能直接送到顾客家中，分销和经销就是那时的主流渠道。在中国，这个时代从计划经济时各地的百货大楼、供销社到改革开放之后的购物中心以及大型连锁超市，其典型特征就是网点集中销售，顾客上门购买。在物资短缺时代，核心是生产而不是销售；改革开放之后，商品逐渐丰富，生产就不再是重点，渠道变成了关键，因为渠道具有强大的销售能力，所以在1990—2010年的20年间，商场、专业渠道和大型超市就是重要且典型的渠道。曾经有一段时间，家乐福、沃尔玛、苏宁、国美、红星美凯龙等重要渠道对生产商具有压倒性的话语权，进入这些渠道不仅要有高额的销售提成，还要有各种铺货费用。

电商渠道和快递系统的发展相辅相成，电商形成了新的销售购买形式，快递为商品的交付提供了支持，即使餐饮这种及时性要求极强的商品，如今也可以通过外卖系统进行交付。当然，外卖不仅仅解决了销售问题，同时还解决了交付问题。

在过去，生产商和品牌方其实是一体的，因为过去是生产导向的商业社会。随着物资丰沛时代的到来，生产早就不是问题，如何销售成了最大的问题。这时候生产资源就不稀缺了，稀缺的是销售渠道。所以许多品牌方自己就不做生产了，反倒是越来越多地与渠道勾连和对接。比如苹果手机就是由富士康代工，苹果主要负责更重要的研发和销售，遍布全球的苹果专卖店就成为苹果重要的销售渠道。小米手机也是如此，小米的核心能力在研发和销售渠道上，从销售额来说，小米商城是全球排名前十的电商渠道。[1]

今后，对绝大部分品牌商来说，发愁的可能不是生产，而是销售。而销售极重要的一环，就是渠道（传播也很重要，我后面会讲）。实际上，国内市场化早期的快消品，比如零食、小吃、饮料、洗护清洁

---

[1] https://www.sohu.com/a/111663627_383190

用品等，只要能铺货到终端销售网点，销售问题几乎就解决了80%，所以当时业内有句话叫作终端即动销。但今天的情况已经发生了很大改变，即使铺货到线下终端销售网点也未必会有动销，而不动销的商品在过了销售测试期后就再也没机会出现在同一终端了。现在许多做线下销售的品牌，陷入了一个谈判铺货→商品不动销→终端退货→继续铺货的死循环之中，可谓狗熊掰棒子，掰一个丢一个。这也是目前绝大部分新品牌做线下渠道的困局。

在目前的营销环境下，新品牌通过电商起盘很容易，这给许多没有大量线下资源和组织能力的新品牌起势的机会。如果某个品类特别适合电商销售，那只要在电商深耕就可以了，比如做不粘锅的中科德马克，以及近几年风生水起的办公椅品牌黑白调。但是有些消费品牌，比如饮料、白酒等，电商销售的天花板很低，所以在做到一定程度之后，就必须转到线下销售，这时线下渠道的建设就是阻拦新消费品牌的一座绕不过去的大山。

综上所述，营销渠道承担几种重要功能。

第一，销售和交易功能。这是营销渠道承担的最重要功能。渠道虽然也承担运输、储存等事项，但渠道一定是商品和顾客发生交易的地方。

第二，传播推广功能。比如线下门店，门店本身就是传播媒介。线上渠道有时候会同时承担传播和销售的功能。比如罗永浩的直播既是传播渠道，又是销售渠道。其他如公众号文章、抖音的自播、小红书的笔记等，都具有传播销售二合一的特点。

第三，物流交付功能。营销渠道承担把商品从生产商向顾客转移的功能，在交易发生之前主要是与品牌方有关的供应链和物流配送体系，在交易发生之后，还有顺丰、美团外卖等交付体系。像家电、家居的品牌商，还需要上门送货和安装这些附属服务，有时候是自己建设组织，有时候是与其他企业合作。

第四，服务功能。有些渠道要为顾客提供各种服务，比如飞鹤奶粉的渠道就开展了育婴教育等许多活动。再比如家具和家电的安装维修服务就比较重要，通常这些家电品牌会与当地的维修服务商合作，由当地的服务商代为提供服务。

营销渠道还有其他如存储、融资、谈判、管理等多种功能。

菲利普·科特勒最新版《营销管理》中列举的营销渠道成员执行的重要功能包括如下：

- 收集营销环境中有关潜在顾客和现有顾客、竞争者和其他参与者及其力量的信息。
- 开发并推广具有说服力的沟通方式，以刺激购买并培养品牌忠诚度。
- 就价格和其他条款进行谈判并达成协议，以实现所有权或占有权的转移。
- 向制造商下订单。
- 获取向营销渠道中不同层次的存货提供融资服务的基金。
- 承担开展渠道有关工作所涉及的风险。
- 为买方提供融资，并促进付款。
- 协助买方通过银行和其他金融机构支付其账单。
- 监督所有权从一个组织或个人向另一个组织或个人的转移。所有的渠道功能都有三个特点：它们使用稀缺资源；这些功能通常可以通过专业化来更好地发挥作用；各类功能可以在渠道成员之间相互转换。

近几年的各种新消费品牌，大部分都是随着新渠道的出现并且获得了新渠道的红利发展起来的。早年的韩都衣舍、三只松鼠，是淘宝这种新渠道造就的，西贝莜面村、云海肴、绿茶等都是得到了大型购物中心的红利，完美日记、花西子这些新品牌，则是享受到了社交媒体和小红书等的渠道红利。

渠道创新，本身也是商业创新的一部分。

渠道的重要性，怎么说都不过分。

笔记 4

渠道组织的难度

　　渠道就像热带雨林的动植物，互相依靠，又互相竞争，盘根错节，相辅相成，构成了一个复杂丰富的生态系统。所有的植物，竞争的都是更多的阳光；所有的动物，竞争的都是更多的热量；而所有的渠道，竞争的都是更多的利益。能管理好渠道的企业，都有大智慧。

　　4P 是整个营销的基础框架，但渠道在 4P 中是很独特、很复杂的一部分。

　　产品、定价、推广这几个部分，主要是企业和品牌方主导的，它们是主要的实施者，它们可以自己进行产品研发、自主定价、自主设计推广计划。而渠道是企业内外部组织的联合体，很多经销商、代理商并非独家代理，它们分散成无数个组织，企业对它们的管控程度有强有弱，甚至很多渠道会强到能反制企业。

首先，渠道非常复杂，管理难度很大。

渠道组织是松散的，并不受一家公司统一管理，它具有外部组织的特性，企业通常很难控制。

在中国的商业发展史上，雷士照明曾经上演过一场分家大戏，大战中三个联合创始人各有底牌，不过最后赢得胜利的是受到经销商支持的吴长江。

雷士照明由三个合伙人创办，吴长江是发起人，胡永宏、杜刚是联合创始人。他们三个是高中同学，吴长江当时在班上是团支书，胡永宏是班长。1992 年，吴长江从一家军工企业辞职，南下广东打工，当时就在一家灯饰企业上班。后来吴长江开始对照明行业产生兴趣，于是和两位老同学共同出资 100 万元在广东惠州成立了雷士照明，吴长江出资 45 万元，胡、杜各出资 27.5 万元。

后来雷士照明大发展，成为中国照明行业的明星企业，但是三个合伙人的矛盾却不断激化，后来三人决定分家。最初商定的结果是，吴长江退出雷士照明，企业估值按 2.4 亿元算，吴拿走 8000 万元，吴原有股权归其他两位股东。

但三天后，吴长江称担心自己离开后经销商队伍发生混乱，要开一个经销商维稳大会。

结果经销商维稳大会开成了"造反"大会。从全国各地赶来的雷士照明经销商聚集在惠州雷士照明总部，对雷士照明股东分家事件提出异议。吴长江当时负责雷士照明的渠道经营，是全体经销商的领导者，这些经销商认人不认企业。最终，当着全体供应商和雷士照明中高层干部的面，200多名经销商举手表决，全票通过吴长江留下。经销商是雷士照明销售的命脉，企业只生产，卖不出去，相当于断了大半条命，重新整合经销商难度极大。维稳大会第二天，吴长江与胡、杜二人谈判，结果胡永宏和杜刚各自拿8000万元离开雷士照明，吴长江重掌雷士照明。①

这一经销商投票公决上游公司命运的事件，成为中国现代商业史上的一个传奇，也说明了渠道在企业经营中的重要性。

我们再举一个例子。

通常，做得不错的零食饮料品牌都是线下管理能力很强的。那些没有线下管理经验的新消费品牌，在铺设渠道时就会产生大量浪费。

比如某新消费品牌做冰品或者饮料，为了让自己的货铺下去，给线下终端零售店送冰箱或者冰柜，企图让自己在终端零售中占优势陈列，或者抢占点位，但他们并没有考虑过冰箱或冰柜的管理难度。

很多终端零售店都是夫妻店，还有各种复杂的终端，比如写字楼的自动售货系统可能就归物业管理。有些品牌为了尽快把冰箱铺下去，在与每个小店的谈判中做出了大幅度妥协，比如不收押金。这样店老板很可能就把冰箱搬到自己家里去了，甚至直接卖了。因为没有收押金，如果店主乱来，你到最后也没办法。

我有一次出差到浙江一个县级城市的高铁站，高铁站的一个便利店内有一台某网红品牌的雪糕冰箱，但是里面卖的雪糕都是其他牌子的，自己品牌的雪糕却一根都没有。也许是销售不好，这里卖不动，

---

① https://www.nbd.com.cn/articles/2012-07-12/666676.html

也许是店主自作主张卖别的产品，但最终都反映了终端管理的问题。

再比如商品的临期管理。很多零食饮料类商品，保质期一到，终端渠道就会要求供应商自己处理剩余商品，而且因为销售乏力，终端可能就会停止再进货。

如果一个品牌有100万个销售点，假设10%的网点产品过期，那它就要负责这10万个网点的过期商品处理。比如回收饮料时，要花钱请专门的污水处理公司来处理，回收商品本身要花钱，处理这些商品还要花钱，商品一旦卖不出去，品牌方亏损会很大。而且，过期商品的数量，很多时候都要靠终端业务员或者渠道方自己统计上报，然后品牌方发放处理费用。一些没有经验或者管理不善的企业，实际上明明报废了100万瓶，各个销售点报过来的却有可能达到150万瓶。这些虚报行为，都是终端人员捞好处的方式。

组织高效、管理良好的品牌方，比如可口可乐，可以把这种损耗降低到1%以内，但是管理不善的企业或者没有经验的新消费品牌，这种损耗会相当惊人。

从这几个小事你们可以体会到渠道的管理难度。

渠道很重要，但是渠道往往又不掌握在自己手中，所以大部分企业处理渠道问题都是一个动态博弈过程。有些企业会选择自建渠道，但自建渠道不仅复杂且艰巨，也很难覆盖所有网点，顶多是自有渠道结合外部渠道的做法，只是不会完全受到外部渠道的控制罢了。

其次，渠道内部利益与矛盾冲突严重。

公司内部各个部门之间会有利益冲突，但是渠道各个组织间的冲突通常会严重得多。由于渠道体系由多方参与者组成，各参与者的利益并不一致，这导致渠道管理和组织的难度非常大。

渠道在流通路线上，有物流、仓储、快递、安装、售后服务等多个环节，每个环节都有可能是不同的供应商和参与者。渠道在销售路线上，有加盟商、代理商、经销商、零售商、平台、促销员、推广机构、金融机构等多个参与者。

这种多方参与的体系，让渠道管理和运营变得更加复杂。不同地区的代理商之间就有竞争关系，渠道成员与企业、上下级经销商、经销商与零售终端、终端与现场销售人员之间都有博弈，都存在利益的竞争关系。

同时，由于优质渠道具有稀缺性，不同公司之间就会存在激烈的竞争。比如大部分城市中顶流的商场，位置就是稀缺的，如果它在餐饮招商中需要一家烤鱼店，当第一个烤鱼品牌入驻之后，第二个烤鱼品牌就很难入驻了。这就导致品牌与品牌之间会产生激烈的渠道竞争。至今，某些带有联盟性质的餐饮行业，还会对开在自家门店附近的同行进行打击报复。

品牌方管理好渠道的关键点，就是在每一个层级、每一个渠道参与者之间做好利益分配，做好行为规范的管理，并且要维持自己的主动性和谈判筹码，这样才能管好这么多渠道参与方。

我曾经拜访过国内一个知名的休闲零食品牌甲，它的代理商乙跟它签订了在某电商平台丙的代理业务，主要代理它的某高端产品。但由于协议有漏洞，结果导致乙与丙合谋做出了损害甲的行为。

事情是这样的。甲授权乙代理它在某电商平台丙的销售。甲对乙的考核指标是，只要乙以出厂价在丙的销售额达到标准，乙就可以获得代理收入，但没有约定在丙的销售价格。丙为了冲

GMV（商业交易总额），就刻意打折销售，但是打折销售造成的亏损要由甲方来承担。在这里，乙和丙的利益是一体的，它们在这个渠道链条中都不承担亏损，甲方看似在电商平台销售了很多产品，但这个销售是靠亏损实现的。但根据合同，在每个环节上的参与者都没有违反约定，这就让甲方吃了大亏。后来甲方发现了这个漏洞，才开始修改经销规则。

最后，渠道中品牌方通常处于弱势。

外部渠道通常是强势的，是企业最难控制的营销环节。

渠道直接带来销售，尤其是强势渠道，而且这些强势渠道通常不是企业能控制的，甚至很多渠道强大之后，会推出自有品牌参与竞争。强势渠道通常还会要求品牌方配合自己的营销活动进行打折、买赠等活动，品牌方在这些渠道的挟持下，也是烦恼不断。强势渠道对销售的商品会极力盘剥利润，比如苹果商店就对 App Store 的所有应用征收 30% 的上架抽成。今天的直播达人、大卖场、连锁便利店，都会收取不同的上架费、入场费或展位费等。

只有极少数品牌力极强的品牌面对渠道时有话语权，比如茅台、苹果、爱马仕等。鉴于在高端白酒中的强势地位，茅台一直供不应求，而茅台这种酱酒，基本的酒体就需要 5 年时间才会生产出来，还需要大量陈年基酒调配，产量不可能在几年之内快速提升。茅台一直对零售终端有零售指导价，2021 年飞天茅台的零售指导价是 1499 元，给经销商的出厂价是 969 元，但实际上零售的飞天茅台最近几年一直在 2500 元到 3000 元左右。

因为渠道有很多外部参与者，茅台也难以掌控。受利益驱使，经销商会想尽各种办法逃避监管。比如零售的烟酒店想从经销商那里拿茅台，经销商会按照茅台规定的价格给它们，但是会有附加条件，比如你买一箱茅台，必须买我自己开发的两箱白酒才行，否则不卖。

当然茅台属于特例，大部分品牌在渠道面前是没有多少话语权的。

2000年年初，江西南昌百货大楼在当地是响当当的零售企业，是地方商界的龙头，在各个品牌方面前都非常强势。2001年5月下旬，南昌百货大楼新建的城东分店开始招商，除要求供货商缴纳约定的各种费用以外，还要求各供货商每月缴纳促销人员管理费450元，导致几十个品牌联合抵制，威胁要退出南昌百货大楼。

这件事最后由当地工商部门介入才得以平息，但也显示了渠道的外部特性和管理复杂程度，以及品牌方所处的渠道普遍强势的环境。[①]

我在《营销笔记》中说过，定价是企业最难做的决策，因为价格对销售的影响很大，很难准确决策。渠道则是企业最难管理和维护的一部分，因为渠道这个体系极为复杂。可以说，世界上没有任何一种渠道方式是完美的，都是在不断纠正问题、修复关系、维护稳定中前进和发展的。不同的渠道模式，也会在不同企业、不同阶段中发挥各自的作用，而不是普遍适用的、任何时候都可行的方式。

只有真正有经验的企业，经历过多次渠道变革的企业，经历过各种渠道斗争的企业，才会在渠道管理中游刃有余，因为经验是很难被能力完全取代的。不过提前明白管理渠道的难度，有助于企业在渠道管理上避免重大的错误。

---

① 主要内容摘自庄贵军的《营销渠道管理》第3版，北京大学出版社，2018年。

笔记 5

渠道管理的本质就是不断提升
整个渠道的组织效率

商业的本质只有两个：成本和效率。

直播卖货，今天大家已经觉得很正常了。直播卖货分两种，一种是通过各个达人主播的直播进行销售，简称达播；另一种是品牌商家自己直播卖货，简称店播。我在 2021 年的时候跟我们的客户隅田川做过交流，当时他们正尝试在抖音做店播卖货。

我也在自己的抖音账号上带过货，虽然就是"打酱油"的想法，其实一个月也能拿几千元的分销佣金。我在视频号"小马宋"的直播，当时连麦绽妍品牌的市场总监，顺道卖卖绽妍的防晒霜，居然也有 2 万多元的销量。

早期的品牌商要管理的渠道其实很"长"，厂商下面通常有区域代理，区域代理又可能会分省代、市代几个层级，再下面就是真正的零售终端。后来这个渠道链路变得越来越短，今天的品牌商已经很少有多层代理了，甚至跨国经销商直接跟零售终端做交易。

实际上，商品每多一个代理层级，就会被剥去一层利润，最后到零售终端的时候，加价率就很高。但如果没有中间经销商，品牌直接对接零售渠道，或者自己就成为零售渠道，管理难度又很大，组织过于庞大，效率未必就高。所以渠道管理，本质上就是不断提升整个渠道组织效率、尽量减少渠道层级的过程，从而不断降低自己的成本，给消费者更多的实惠，这样产品的价格才更有竞争力。

传统的渠道组织，由于地理距离和组织能力问题，会有一个能力极限，无法把所有的中间渠道全部去掉。但互联网改变了这个状况，今天有许多品牌直接面向消费者销售，去掉了代理商、分销商、经销商和零售终端，把这部分利益返还给消费者，这样的结果就是渠道组织越来越短，加价率越来越低。

当然也不是说所有品牌都有能力直接销售自己的产品，毕竟每个平台都在竞争流量，做直播卖货其实也是需要花钱买流量的。你在沃尔玛交了上架费，其实就是购买了沃尔玛的所有顾客流量，而你在抖音花钱，也是购买了抖音用户到你直播间的流量。至于哪个流量费用花起来更值得，那就要看具体情况了。

在极致优化渠道方面，线下的渠道品牌正在不断调整商业模式，近几年走出了许多优秀企业。

逮虾记是做虾滑的，主要是向火锅餐饮品牌供应虾滑原材料。过去虾滑原材料的销售渠道，是通过各地经销商与当地的餐饮品牌谈判和交易，后来逮虾记去掉了经销商这个环节，组织了一个"业务特战队"，到各地与当地餐饮商家接触，由逮虾记直接供货给餐饮商家，订一包虾滑就能冷链发货。去掉了中间商，逮虾记获得了极大的成本优势，又因为逮虾记是锅圈食汇投资的公司，它可以使用锅圈食汇的物流体系，配送不成问题，所以逮虾记得以在两三年的时间内快速成长为国内头部的虾滑供应商。

长沙的新佳宜连锁便利店成立于 2007 年，早年做了数百家超市门店，但经营状况不是很好。后来它调整业务，合并了许多品牌的渠道业务和参与者，自己扎扎实实做起了物流和仓储，尤其是冷链的物流和仓储。因为具有冷链优势，所以新佳宜在鲜奶和鲜食这一领域就有强大的竞争能力。

对大部分鲜奶品牌来说，新佳宜既是零售终端，又承担了代理商的功能，还具备冷链仓储配送的能力，把鲜奶品牌商过去的物流公司、代理商、零售终端三方参与者整合成了一个，同时也独享了三方参与者的利益，所以它的鲜奶在价格上就极具竞争力。目前，新佳宜已经开出了 1200 多家便利店。

同样诞生于长沙的零食零售品牌零食很忙，也有类似的故事。

零食很忙创始于 2017 年，是一个专注线下的全新模式的零食连锁品牌。截至 2023 年 6 月，仅仅 6 年时间，它的门店数量已突破 3000 家，并以"平均每天新开 6 家门店"的速度飞快发展。

在介绍零食很忙之前，我们有必要简单回顾一下线下零食的零售形态变化。

我们大部分人都有小时候在学校附近小卖部买零食的经历，那时候的预包装零食，主要是通过夫妻店、小卖部、杂货店销售的。20世纪 90 年代中后期大型超市兴起，再后来连锁便利店兴起，零食的销售渠道也相应增加了，但本质上没有大的变化。零食的品牌商主要还是通过当地经销商跟这些零售终端联络对接，中间商会赚一部分差价。

再后来出现了一种新型的零食专卖店，典型代表就是上海的来伊份，以及后来的良品铺子。这种零食店主要是在客流比较集中的商业地段，营业面积有数十平方米。来伊份和良品铺子以销售自己品牌贴牌的零食为主，它们既是品牌商，又是渠道商。

2010年，在浙江宁波出现了一个量贩式零食销售门店，名叫"老婆大人"。老婆大人早期销售的主要是二、三线的零食品牌，通过大包打散称重销售、超低价格、混合售卖等方式快速崛起，简单来说就是价格超级便宜的零食量贩门店，而且门店面积比来伊份这样的零食品牌专卖店大了很多。后来从长沙崛起的零食很忙和从江西起步的赵一鸣零食，在老婆大人的基础上做了升级，它们的模式差不多，但把一线零食品牌卖到了超低价。一线品牌对价格有比较强的管控力，通常小的连锁门店既没有实力超低价销售，也要接受品牌方的价格管理，估计这也是早期老婆大人没有去做一线品牌的原因。

但零食很忙一出现就把一线零食品牌卖到了超低价，因为动销实在太快、量太大，大部分一线品牌也只能睁一只眼闭一只眼了。零食很忙在普通的二、三线城市，单店日均销售额可以达到2~3万元。因为它现在门店数量多，销量又大，几乎没有品牌会拒绝进入它的销售渠道。赵一鸣零食也走了几乎同样的道路，创始人赵定早年做炒货生意，2015年在江西宜春开出了一家零食量贩店，创造了单店日销售5万元的奇迹，从此一发而不可收，截至2023年6月，赵一鸣零食已经拥有1800家以上的门店，并且以每月200家以上的开店速度在扩张。

其实这个事情并不复杂。零食很忙与赵一鸣零食都是用规模和销量以及自有的供应链和直接向厂商采购的模式压低了成本，去掉了中间商的差价，让消费者获得了更大的实惠。为什么把一线品牌直接降价比把二、三线品牌降价更有效呢？因为这会给消费者带来更大的价格震撼，消费者对一线零食品牌的价格更熟悉，也就有更强烈的对比。当然，零食很忙和赵一鸣零食未来的体量会越来越大，它们也可以自己直接贴牌渠道零食，也就是把品牌商的那部分利润也压缩掉。

关于国内渠道的创新模式，我再唠叨几句。中国的大型超市从20世纪90年代兴起，曾经有过极其辉煌的时代，到2015年开始呈现颓势。大型超市的功能，正不断被社区周边的便利店、零食店、生鲜店、水果店、蔬菜店、烘焙店、主食店、坚果店侵蚀，大型超市的生存状况也一年不如一年。但欧美国家的大型超市的繁荣周期却比我国要长得多，而且至今并未呈现出衰退的趋势，这是为什么？

一方面，从人口的聚居状态看，欧美国家的人口密度低，难以支撑小型门店的生存；另一方面，欧美国家的消费者有集中采购的习惯，大型超市的存在正好满足了这个需求。但中国的消费者居住非常集中，尤其是这几十年的城镇化进程使得过去相对分散的居住方式进一步集中了，这就使得我们不仅有快递和外卖的优势，也让社区周边的小型门店有较多的生存空间，两个大的小区就足以支撑这些门店的生存。

所以任何商业模式的兴起，都会有许多背景原因。比如零食很忙起源于长沙，因为长沙周边有大量的零食加工厂，除了销售一线零食品牌，零食很忙还可以方便地与当地零食加工厂合作，生产一些"白牌"产品，从工厂直接到达零售终端，这就极大降低了中间费用。这虽然未必是主要原因，但这个加工优势确实给零食很忙带来了一定的地域优势。

　　最后我想说的是，整个商业世界都在不断追求效率的提升和成本的降低，这在营销的渠道层面也不例外。不同商业领域的参与者，比如逮虾记、赵一鸣零食等，都在用不同的方式推动这个不可逆转的商业趋势。品牌方会不断压缩经销商的层级，尽量通过组织效率的提升或者技术的变革来革新自己的渠道；零售商也会不断在原有经营模式上精进，创造效率更高的商业模式，从而用高效率打败低效率，用新模式顶替旧模式。

　　商业世界对效率的追求，没有终点。

笔记 6

渠道增量与渠道平移

　　餐饮外卖一开始就被平台带错了节奏，因为外卖的交付是有比较高的成本的，可是平台早期的补贴让顾客习惯了外卖应该比堂食更便宜这种逻辑，当平台撤销补贴、增加抽佣时，外卖这个渠道就变得光怪陆离起来……

　　2022 年 11 月 4 日，好多家奶茶品牌同日宣布取消外卖平台的满减折扣，其中包括喜茶、奈雪、茶百道、古茗、蜜雪冰城、书亦烧仙草等。这里我就着这一事件讲一个话题：渠道增量和渠道平移。

　　先说下餐饮外卖的逻辑。

　　假设你开了一家做家常菜的餐馆，使用面积 200 平方米，因为生意很好，中午都是排队的。中午就餐，顾客吃饭要在店里，后厨厨师炒菜再快，也要等顾客坐下点菜后才能炒菜。这时餐厅的最大产出瓶颈不是厨师，而是堂食能接待的最大顾客数。

　　为了计算方便，我们假设整个中午是两小时就餐时间（11：30—13：30），这家餐厅最多接待顾客 150 位，人均 30 元的客单价，中午营业额是 4500 元。但是如果餐厅营业面积扩大 100 平方米，能接待 250 位顾客，那营业额就会变成 7500 元，后厨还是忙得过来。

问题是，扩大餐厅面积太难了，有没有别的方式提升营业额呢？那就是外卖。你的餐厅中午堂食接待能力的上限是 150 个顾客，厨房供应能力是 250 个顾客。那你就可以利用外卖再多销售 3000 元。假设菜品的平均毛利是 60%，那你就多赚了 1800 元。

假设外卖平台的扣点和费用是 20%（简化计算），也就是平台拿走 600 元，你还能多赚 1200 元，这么算下来，做外卖就是划算的。如果平台要求你做满减，也可以，只要不影响堂食，你再做个活动，少赚 300 元，还有 900 元可赚。这种情况下，你还是愿意做外卖的。

为什么呢？因为外卖给你的餐馆创造了收入，你增加了一个渠道，然后你的整体销量上升了，利润也提高了，这就叫作渠道增量。

但是，如果外卖不能给你创造增量呢？如果原来每天中午有 150 人来就餐，你做了外卖这个渠道，后来就只有 100 人来堂食，而另外 50 人开始点外卖了。你的堂食收入就变成了 3000 元，而外卖收入是 1500 元，外卖平台还要扣 20%，加上满减，反倒少赚了很多。那你当然不愿意做满减，甚至觉得外卖应该贵一点，因为还送货到家了。

这种情况就不是渠道增量，而是渠道平移。就是说你没有获得销量的增加，只是在出现新渠道后，你的一部分老用户转移到新渠道消费了。

那外卖有没有创造增量？有的，但贫富不均。比如你的小炒快餐店很火爆，中午接待不过来，外卖是可以带来增量的。如果你的店本来就生意惨淡，那外卖不过是又横加一刀扣点。如果你擅长做外卖经营，那你可能是受益者。另外，外卖发展起来之后，确实也带动了一部分市场增量，包括原来带盒饭上班的改点外卖了，原来在家做饭的也点外卖了。

以上说的是堂食餐厅。那奶茶呢？奶茶和以上案例有几个不同点。

第一，奶茶大多数是档口店，本来就没有堂食。奶茶店的最大营业额不取决于门店接待人数，而取决于出杯速度。所以不管你这家店生意多好，你做门店销售和外卖，是没有差别的。

第二，奶茶的客单价相对较低，如果做外卖，有基础配送费，有扣点，那就很难做，利润太薄，赚的钱几乎全交给平台了。

第三，越来越多的顾客选择点外卖而不是到店购买，奶茶店就很难承受。

如果外卖带来的是渠道增量，那多少还能赚一点，如果只是渠道平移，那奶茶店不仅要承担房租，还要承担外卖平台的费用，如果再做满减，那就真的赚不到什么钱了。

渠道增量与渠道平移的概念，我们在渠道管理中会经常遇到。一个品牌要在一些新渠道重点发力，最好是渠道增量，而不是渠道平移。比如茅台，它如果开发了电商渠道，其实是渠道平移，并不会带来整体销量的增长，因为茅台的销售瓶颈来自生产端，而不是需求端。但有的时候，原先的渠道会慢慢衰退，即使是渠道平移，你也一定要做。今天大家逛街的时间少了，那线下门店的客流注定会减少，你只有通过线上或者外卖来改善你的营收状况，这个时候就算是平移，也必须要做。

笔记 7

酒类渠道案例——渠道建设 是卖货的核心经营活动

酒类是一个长周期的生意，许多渠道值得用 10 年甚至 20 年的时间去努力建设。

如果这本书在五年前编写，酒类渠道的故事还真没多少意思，但今天我们聊酒类渠道，就很有意思了。因为过去酒类渠道过于单一了，而今天许多新的酒类玩家让这个渠道慢慢有趣起来。

我有一个朋友，他是某高端白酒品牌在河南最大的几个经销商之一。早年他们几个合伙人成立了代理白酒的公司，成立初期他们面临一个非常重要的选择：要么代理当时还没那么抢手的茅台，要么代理另一家著名白酒企业，这家企业当时刚刚开发了一款高端白酒，正在寻求代理。如果当时选择代理茅台，那么他们公司今天赚到的利润可能会多 10 倍，不过当时他们选择了另一个品牌，与茅台的代理权失之交臂。当然他们代理的那家白酒品牌很不错，也有非常独特的历史文化背景和资源，当时在央视的广告铺天盖地，品牌经营也风生水起，他们的白酒代理公司赶上了一个好时期。

早年在中国市场做白酒，如果品牌有实力，找经销商相对比较容易。白酒厂商的主要工作是白酒研发制造、品牌宣传和管理渠道，而白酒的核心经销商（非终端零售）要负责开发、管理终端经销商。我这位朋友的白酒代理公司在代理这个品牌初期，主要工作是开发河南的终端零售商，也就是烟酒专卖店。这是一个相当困难的工作。当年仅在郑州一个城市就有2万多家烟酒专卖店，这些专卖店里能不能摆上你家的白酒，那可是需要业务员一个一个去死磕的。当然品牌方也会提供一些推广政策，比如陈列费用、推广补贴等。

那么，这些酒摆在烟酒专卖店里就能卖出去吗？也不是。

你可能也注意到，直接到烟酒店去买酒的人并没有那么多，进烟酒店的顾客大部分是买烟的。尤其是高端白酒的终端销售，很大程度上是靠烟酒店老板自己日常维护的那些老客户，这些老客户有购买量大的个人，也有一些采购白酒比较多的公司和单位。一个烟酒店老板，实际上很早就在着手经营一个白酒顾客的私域，只不过当时他们是靠电话号码本和日常交往来经营私域，最近这些年用微信来联系罢了。

烟酒店老板日常最重要的一个工作，就是维护这些客情关系，平时跟客户们玩在一起，聊在一起，吃在一起，所以白酒品牌有很多渠道经费，是补贴这些终端专卖店老板的客情维护费的。这些事情很难用广告、公关活动搞定，也无法通过大规模、标准化动作实现，而是由数十万终端店老板一次一次拜访、一桌一桌喝酒吃饭搞定的，这是很难在营销图书和营销理论中学到的东西。当然在客情维护上，我还见过更极端的案例，这里就不多说了。

电视剧《三体》最后一集中，全球战区的精英聚集在一起，讨论如何消灭三体世界在地球的代理人——伊文思的ETO（地球三体组织）。军人们想的办法都是标准的、正规的战术，不过都不能保证最后拿到ETO保存的与三体世界的通信资料。但是警察出身的史强想出了一个非常另类的办法，这里我就不剧透了。我想说的是，在营销实践中，学院派往往讲的都是中规中矩的打法，说的都是非常正确的理论，但是在实际操作中，在一线摸爬滚打多年的营销人员则创造了各种各样真实有效的作战方法。所以一个从事营销的人，一定要放下身段，到最真实的现场去看、去观察、去实践，才能从一个营销人转变为一个营销实战专家。

在《水浒传》中，鲁智深和武松功夫都很好，但两个人有很大不同，鲁智深是正儿八经的军官，以前打仗都是正规军作战，明枪明刀地打仗。武松从小在江湖上混，是从流氓堆里打出来的，他不但武功高，江湖经验也多，所以他更熟悉那些下三烂的招数。孙二娘开了一个黑店，用蒙汗药蒙倒客人做人肉包子。武松一进店就看出来这是家黑店，鲁智深则被蒙汗药直接撂倒了，这就是区别。不是说鲁智深不好，也不是说武松更厉害，而是借这个例子告诉大家，我们做营销面对的是真实的市场，我们既要懂得大规模作战的兵法、战法，也要学会接地气的做法。

我们再回到白酒的经销渠道这件事。

名酒可以很轻松地找到经销商，因为它的名气可以让渠道更容易销售。那么一个名气不大的普通白酒品牌该怎么办呢？

一种是投入大量的广告费，比如在央视投放广告来提升你的知名度。这样的话，顾客愿意购买，经销商也比较容易经销。问题是这种广告费用太高了，大部分品牌承受不起。

另一种，你也可以自己搞定经销和终端零售环节，不过这要耗费大量的人力物力，建设成体系的自有经销组织。仰韶酒的案例，就是一个艰难攻克线下经销渠道的经典例子。

仰韶酒的总部在河南省三门峡市渑池县，早期主要是在三门峡、洛阳做市场，因为有当地政府的支持，也取得了一些成绩。如果这样经营下去的话，它顶多就是一个地方酒企，甚至连河南一个省都铺不全。如果想铺货到河南全省，那只在三门峡做起来是远远不够的，所以它要去郑州做市场，因为郑州是河南的制高点，只有拿下郑州，才有可能把酒铺到全省。

但当时郑州大一点的经销商看不上它，不愿意跟它合作，它只好自己攻坚。它把郑州分成几十个片区，实施网格化管理，在郑州设立办事处，直接跟烟酒专卖店合作，把经销商的工作都做了。通过几年努力，他们终于在郑州这个市场站稳脚跟。自己设办事处、干经销商的活肯定很累很苦，但仰韶酒没办法，只能自己干。这样干也有额外的好处，就是厂家摸清了宣传费用花在了哪里。郑州攻下来，河南其他城市就好打了，也有经验了。

还有一个案例是关于白云边酒的。

白云边是湖北的一个白酒品牌，它用10年的时间去主攻河南市场。其实湖北酒到河南开拓市场没有什么优势，湖北不在核心白酒产区，历史文化、广告传播都没有。但是白云边用10年死磕河南的县级以下市场，现在一年能做到近10亿元的营业额。

湖北紧邻河南，而河南是人口大省，有100多个县级城市。白云边放弃了郑州和各个地级市，将主要精力放在县级城市和乡镇市场，走农村包围城市的路线。它的核心渠道开发主攻县城和镇上的餐饮店，主要做宴席白酒，广告主要就是河南农村的刷墙广告，并且在县城和镇上的餐厅做生动化门头招牌设计。经过十年的深耕，业绩好的一个县就能做几千万元销售额。

白酒渠道早期就是这么一个一个销售点磨着性子打下来的，是一个长期的、艰苦的工作。如果你自己做不来，那就只能找经销商来做，经销商也是靠攻坚战才攻下来现有的地盘，才有市场话语权，所以市场营销没有容易的事。

当然，还有一类白酒是靠电视购物或者广播购物做的，具体做法我就不详细讲了。

白酒行业长期以来主要靠线下销售，即使电商在国内发展多年，市场占比也不高，不过还是有少数品牌探索出了一些新的道路。

远明老酒一开始就使用了线上投流的方式做白酒，但是白酒的投流回报率并不高。远明没有局限于一次广告投入的回报，而是综合测算顾客的复购率。它的做法是投放线上广告，然后加客户微信，沉淀到私域，然后通过微信继续做日后的转化，追求综合回报率，渐渐折腾出了一方天地。

肆拾玖坊由前联想高管张传宗创办，在茅台镇有自己的酱酒厂。当时这家公司的联合创始人有49个，主要是联想集团的销售骨干，所以取名肆拾玖坊。肆拾玖坊也没有走传统酱酒的销售路线，因为挡在它面前的有茅台、郎酒、习酒、国台等好几座大山。所以肆拾玖坊的指导方针就是有效利用自己的优势资源，也就是人脉圈子。这49个创始人本身就是商业大佬，有大量的人脉资源，先从这些联合创始人的圈子出发，肆拾玖坊创造出圈子营销的酱酒营销新方式。

肆拾玖坊在全国有十几个大的分部，公司内部称为平台，它们的经营者都是各地认同肆拾玖坊模式，加入肆拾玖坊的重要合伙人。这些合伙人本身就是高端酱酒的消费者，也是酱酒的消费大户，他们认可肆拾玖坊的品质和商业模式，同样以自己在当地的人脉圈子建立起当地的社群。

2022年，肆拾玖坊在全国各地有2000多个私人会所，这些会所就是肆拾玖坊的第二级经销平台，每个会所由当地数十个合伙人共同拥有。他们在当地交际广泛，本身就有大量商务宴请的需求。这些会所既可以为他们宴请宾客提供方便，同时还能消费自家的酱酒。

肆拾玖坊设计了一套展示、品鉴、对比的流程，不仅讲解酱酒知识，提倡文明健康的饮酒文化，还有一套独有的饮酒礼仪，通过拉酒线、对比盲测等多种方式让朋友认识这一款酱酒，招待客人的同时也宣传了肆拾玖坊。

肆拾玖坊的顾客既是消费者，同时又是代理商。肆拾玖坊早期将自己的大部分股份都分发给重要的合作伙伴，这就激发了他们的参与热情，提升了他们卖酒的自豪感。截至2022年，肆拾玖坊拥有 10 万以上的名义合伙人，探索出一条社群营销的新渠道模式。

除了白酒，啤酒也是酒类中一个重要的品类。过去啤酒主要也是走大规模广告＋大规模经销代理铺货的模式，而近几年则出现了一些新的渠道探索。

泰山啤酒原来是泰山市的一家地方啤酒厂，因为经营不善，2000 年左右被东莞虎彩印刷集团收购，但仍旧在当地经营传统的工业瓶装啤酒，日子过得还不错。后来华润、青岛等知名品牌不断收购一些地方啤酒企业，中国啤酒市场发生了大整合。当青岛啤酒与泰山啤酒谈整合收购时，泰山啤酒没有同意。结果青岛啤酒迅速杀入泰安市场，抢了泰山啤酒几乎一半的市场份额。正是由于青岛啤酒的这次"入侵"，逼迫泰山啤酒走上了一条全新的道路。

当时泰山啤酒很难在正面战场和青岛啤酒抗衡，于是决定做一个差异化产品，这就是后来的泰山原浆 7 日鲜。泰山原浆，简单来说就是更高品质、保鲜期更短（只有 7 天）、口味更好的啤酒。泰山原浆早期主要在北方销售，瓶子非常大，所以在北京又被简称为"大七"，就是大瓶 7 日鲜。

传统工业瓶装啤酒保鲜期很长，所以不可能做到泰山原浆的品质，但是这个 7 天保质期也是一个巨大的挑战，工厂从生产到销售必须要在 7 天内完成。早期并没有成熟的模式可循，而头几年泰山原浆有 30% 的啤酒因为过期要被回收处理。后来经过不断的探索，泰山原浆啤酒终于在供应链、经销模式、销售方式上整合出一套流程，可以保证不断快速动销。我们说过，渠道就是商品从出厂到交易再到交付给消费者的所有参与者，泰山原浆就是在渠道上进行了变革和创新。

泰山原浆不走传统的经销渠道，而是自己发展经销商。经销商主要不是向商超零售渠道铺货，而是以半小时送货为主，即时送到周边想喝啤酒的顾客手中，这些顾客主要是在周边饭馆聚会吃饭的人。

那这些顾客怎么知道买泰山原浆呢？泰山原浆主要通过公众号、朋友圈来做营销，每个经销商就是一个大私域，不断沉淀大量周边顾客，随时送货，让顾客即时享受到泰山原浆。

泰山原浆还有个很重要的营销动作。因为原浆啤酒只有7天保质期，难免会出现临期产品。泰山原浆把每个星期二作为促销日，即将过期的啤酒正好可以用来促销、试喝，这样比较完美地解决了保质期短的问题。把过两天就需要处理的啤酒变成促销工具使用，让成本变成了费用，把浪费变成了促销和获客手段。

与泰山原浆类似的品牌，还有一个叫优布劳。不过优布劳不做瓶装啤酒，它做的是精酿啤酒。

瓶装啤酒是啤酒工业化的产物，主要优势是成本低、保质期长，可以快速大量生产。但是早期啤酒的发酵工艺与今天的工业啤酒发酵不同，后来有一个美国人复兴了这种发酵方法，这就是后来在美国逐渐流行的精酿啤酒。根据美国酿酒商协会（BA）在2022年发布的《手工酿造行业年度生产报告》，2021年，美国小型和独立酿造商共生产啤酒 2480 万桶，精酿啤酒占到了啤酒整体市场份额的 13.1%。精酿啤酒口味更丰富，口感更好，过去通常是小作坊小批量生产，所以精酿啤酒的英文是 craft beer，就有手工酿造的意思。近几年精酿啤酒开始在中国市场出现并逐步被消费者接受，不过整体市场份额还非常小。

大部分精酿啤酒品牌是靠精酿啤酒馆来达成交易和交付的，顾客在这些精酿啤酒馆里可以喝酒、聊天、吃饭，这也是过去精酿啤酒的主要渠道模式。但是这种模式在过去的市场实践中被证明是低效的，且几乎没有利润。由于精酿啤酒的目标顾客不够多，精酿啤酒馆同时还需要经营餐食，经营难度和成本很高，这导致大部分精酿啤酒馆没有利润，赔本赚吆喝的居多。

后来优布劳改良了这种渠道模式。

优布劳同样是酒馆模式，但它的酒馆主要作用是展示＋前置仓储存。它用的是大酒桶，然后用打酒袋现打，口感要比普通工业啤酒

优布劳酒袋现打图

好很多。优布劳的酒馆座位很少，主要是现打啤酒带走或者顾客电话订单直接配送（30 分钟内送到）。

优布劳之所以能探索出这种模式，源于一个尝试和抖音等短视频红利。当时优布劳制造了一批打酒车，用倒推的三轮车拉着酒桶上路，可以给街边吃烧烤和大排档的客人随时打酒。现打现喝的精酿啤酒口感极佳，顾客喝一口就能感受到。然后就可以直接加老板微信，日后可以联系送酒。由于这种黄色的打酒车非常新颖，被人拍下来发到了抖音上，成了爆红视频，放在朋友圈后也立刻引起围观。

优化前的优布劳打酒车设计图

优化后的优布劳打酒车设计图

这成就了优布劳的代理模式。

优布劳把酒馆做轻，选址不需要核心位置，只要在大商圈、餐饮聚集地的周边二三类位置就可以，面积也不需要太大。因为不提供餐食，主要是外送和外带啤酒，这就节省了租金成本。酒馆平时只需要一个店员就可以完成打酒、卖酒、送酒的工作，忙碌时可以临时雇用小时工送酒，这同样降低了运营成本。

优布劳酒馆的获客，除了在抖音等发布视频获得关注，老板需要的是与周边聚集的餐馆搞好关系，不断加顾客微信形成私域。因为酒的品质好，所以老顾客会不断带来新顾客。平时顾客主要是打酒自用或者电话、微信叫外送，所以酒馆里也不提供餐食，不需要堂食。老板经营精酿酒馆的关键就是让新顾客了解到还有这样的精酿酒馆，还能现打啤酒，还能带走，这是过去没有的一种销售模式。从过去的经验看，酒馆老板只要拥有 1000 个微信好友，就可以将酒馆经营下去，如果老板有办法加到更多顾客，精酿酒馆的经营就是一个很好的模式。小马宋现在和优布劳合作，我们的核心是提高酒馆老板加微信的效率，提高老顾客转化新顾客的效率，等等。

酒类的营销和渠道一直被认为比较传统和老旧，但即使是这样传统的行业，渠道的变革也在不断发生。渠道的核心功能就是让交易发生、让交易实现，所以渠道建设是卖货的核心经营活动。所有商业交易的高效实现，几乎都是通过提升渠道效率促成的。

笔记 8

奶茶渠道案例——一家 小奶茶店的渠道创新

2021 年初夏，我去昆明拜访一位奶茶行业的创业者，他跟我讲起早期做奶茶店的一段往事，我很受启发，所以写出来跟大家分享。

这位创业者是个 90 后，不过神奇的是，他 18 岁才会认字和写字。早年因为家庭的原因，他没有机会上学，只是在社会上混，后来觉得应该有个正经营生，就去一家奶茶店打工。由于工作相当出色，他很快从奶茶店调到这个奶茶品牌的总部工作。

再后来，他就职的这家奶茶品牌有个加盟店老板因为店铺经营不善，想转让自己的奶茶店。这个小伙子觉得这是自己的一个创业机会。那时候他并没有足够的钱来接盘这家奶茶店，于是他就跟这个老板商量，愿意在这个老板出价的基础上加价一万元接盘，但条件是一年后再付这笔钱。因为这个老板和他本就相熟，很相信他，就按照这个条件把奶茶店转给了他。

一家奶茶店生意不好可能有好多种原因，比如奶茶做得不好喝，那顾客喝完第一次就再也不会有第二次了；也有可能是管理不善，比如做奶茶效率低、店员不够主动积极等，也会让营业额下降；当然更有可能是位置不好。

这家奶茶店为什么生意不好呢？核心原因就是位置不行，门前经过的客人少，买奶茶的人当然就少。我们去租一个店铺，要付给这个店铺租金，这个租金的本质是什么呢？其实并不是房子，而是这个房子门前的客流，我们付租金就是在购买这个店门前的客流。

比如在北京，朝阳大悦城就是一个高客流的购物中心；朝阳大望路 SKP，深圳的海岸城，成都的太古里，上海的环球港，重庆的解放碑、观音桥，长沙的五一商圈，等等，都是拥有巨大客流量的购物中心或者商圈。在这种商圈租店，就是为了获得商圈的巨大客流，客流越高，租金就越贵。再比如北京西直门凯德 MALL 地下一层，朝阳大悦城地下一层，因为与地铁直接接驳，客流量巨大，所以档口店的租金是每平方米每天 50 元起（南方城市一般算一平方米一个月的租金，那就是一平方米一个月 1500 元起）。

第一次经营店铺的朋友往往会有一个误区，觉得租金高的店铺成本压力太大，所以常常选择一个不是很热门的商圈，租金相对便宜一些。其实，从实际经营结果看，反倒是租金越高的地方店铺经营的成功率越高。比如北京五道口成府路从华清嘉园到五道口购物中心那一段路就是非常好的地段，我家孩子 5 年前就在那里学画画。根据我这 5 年来的观察，这一段街铺几乎就没有倒闭的（不考虑极端情况），虽然租金贵，但是客流高，本金还是能赚回来。反倒是那种租金很便宜的地段，客流很少，生意清淡，好多商家做一两年就撤店不干了。

麦当劳就极其重视店铺的选址，它不仅仅要选择繁华地段，还要选择繁华地段中客流最高的那个位置，麦当劳内部称这种位置为千分点，也就是焦点中的焦点、繁华地段中的繁华地段。

说回那个奶茶店。

这个小伙子接手的这家奶茶店生意不好的主要原因就是位置不好，没有自然客流，店主再积极、再热情也没有用。就像是你有一个很好的产品，但是没有销售渠道，可能销量就寥寥无几。而那些能进入顶流主播那里的品牌，质量并不见得特别好，却也能一次销售上百万元甚至几千万元，这就是渠道的力量。

奶茶店很特殊，它不是预制产品，而是顾客发出订单之后才开始制作的，当然这几乎是所有餐饮企业的特点。小伙子在接手奶茶店之后，主要做了两件事，这两件事都跟渠道有关。

那个时候还没有外卖平台，但并不是没有外卖，顾客可以打电话订奶茶。所以他做的第一件事，就是以这间奶茶店为中心，到周围的商家、居民楼和写字楼发外卖传单。还记得在10年前，我们同事的办公桌上就堆满了这种外卖传单，中午吃饭，一个电话外卖就送到了。这种早期的外卖方法，对一个自然客流不多的店铺来说，极大地拓展了客源。这种外卖电话就是一种特殊形式的零售终端，它直接促成与顾客的交易，然后通过店铺制作，骑车去送外卖，产生交付。这就是一套比较完整的交易、交付系统，也就是这家奶茶店的渠道。

第二件事，他想到了另一个渠道。在这家奶茶店一公里左右的地方有一个小学，每天中午小学生们都会集中去吃饭，中间必定会经过一个小卖部，这个时间段应该有机会销售奶茶。但问题是，奶茶店离学校有点远。他想了一个办法，就是把自己的奶茶店作为一个制作中心，让学生们必经的那个小卖部作为一个销售点，这样就相当于开辟了一个奶茶的代理点。

这个小伙子去跟小卖部的老板商量，问能不能在她这里摆一张桌子，把做好的奶茶在午饭时间集中销售，然后根据销售额来分成，可是老板死活不同意，反复沟通都不成。后来有一天，他直接做了50杯奶茶送到了老板那里，他说奶茶我已经做好了，一会儿孩子们就出来吃饭，如果卖出去了，你赚一半的利润，如果卖不出去，我明天就不来了。

结果，午饭时间一到，50杯奶茶很快就卖完了。那个老板也来了心气儿，她说你明天送100杯奶茶过来。

就这样，原来一家门前客流不是很高、濒临倒闭的奶茶店，经过他的不懈努力和经营，一天做到了八九千元的营业额，生意与之前相比有着天壤之别。

在这个案例中，这家奶茶店最重要的改变是什么？产品还是那些产品，价格也没有变动，发生变化的就是渠道。发传单获得外卖订单，改变了获客方式，从店铺门口的自然客流变成通过电话订奶茶的线上客流，同时奶茶向顾客的交付也从门店前台变成了骑车送货。找到学校附近的小卖部代理销售，就是将奶茶的现场销售点从一个变成了两个，原来的奶茶店既是奶茶制作中心，也是奶茶的零售终端点。而学校附近的小卖部，其实就是这个奶茶店的一个代理，奶茶店虽然需要向这个代理支付提成，但在奶茶店制作能力之内，总体营业额会扩大，利润也会增加，这就是渠道代理的好处。

这个学校附近的小卖部在和这家奶茶店的渠道代理关系中，是处于强势地位的。它代卖奶茶，既不需要提前进货，也不承担库存积压风险，卖出去就可以收取佣金，卖不出去则由奶茶店来承担损失。这家小卖部既是一个零售终端，承担了揽客和成交的任务，也是奶茶店的一个销售代理，解决了奶茶店的产品分发问题。这就是传统渠道中零售商和代理商的雏形。

你可以看到，如果这家奶茶店只坚守自己的那个门店，它的销售量是很难做起来的，但是当它拓展了两个渠道——外卖和代理——之后，它的销售额也就水涨船高了。外卖，是对零售方式的一种拓展，小卖部，则是一个零售代理商，这两个渠道改变了这家奶茶店的命运。后来这个小伙子继续创业，创办了属于自己的奶茶品牌——霸王茶姬，目前在国内已经拥有了 1860 多家门店。

在传统的经营中，企业在初期销售遇到问题的时候，往往首先需要找到营销渠道。在营销的 4P 结构中，渠道对销售的作用是立竿见影的，起到了决定性的作用。如果没有促销，商品通过终端渠道依然可以销售出去，但是如果没有渠道，只有促销，顾客就不知道到哪里去购买，也没有地方成交。

今天，许多国外品牌要进入中国市场，它们在不熟悉中国市场的情况下，也倾向于找一家中国代理商来负责它们在中国的商品销售，就像那个奶茶店店主找到了学校附近的小卖部一样。我曾经拜访过许多代理国外品牌的中国代理商，比如加拿大儿童营养品牌 Ddrops（迪娇普），它的国内代理商是一家东莞企业。加拿大方面会根据中国代理商提交的需求，每年拨付一定的营销费用，而中国代理商则承诺一定的销售量。在国内的儿童营养品品类中，Ddrops 占据了第一的位置，这是一个双赢的局面。

如果你的企业初期遇到销售问题，应首先考虑：渠道方面，你能做些什么？

笔记 9

渠道案例——"腰带哥"和 "炸鸡皇后"的渠道兴衰故事

几个月之前，我接待了一位创业者，他本名我忘记了，只知道他跟我一样都在北航读过 MBA（工商管理硕士），他做腰带生意多年，曾经做到中国腰带市场前三名，大家都叫他"腰带哥"。

腰带哥早年读的是师范大学，回到山东老家后当了一名人民教师。在山东，教师虽不是显赫的工作，但也是大部分人向往的铁饭碗。不过腰带哥没有满足于做老师，很快就到北京闯荡去了。那时候北京的大红门、动物园都是名声赫赫的服装批发市场，他就在大红门谋了一份差事，主要做服装行业的推销员。

后来他在裤子店里发现了一个商机。

那时候北京大红门地区有很多裤子专卖或者批发店（主要是男裤），客人在试裤子的时候，通常需要一条腰带来搭配一下看看效果，所以裤子店里通常会配几条腰带供客人搭配用，但裤子店老板很少卖腰带。按当时的市场惯例，腰带是在皮具店里卖的，一般和钱包等皮具放在一起销售。腰带哥就想，能不能在裤子店里卖腰带？

后来他就从东莞批发了一批腰带，然后跟几个裤子店老板去谈，把腰带放在裤子店里，不要货款，只要老板卖出去一条腰带，就给他提15元。裤子店老板觉得这事是搂草打兔子，顺带干的事，也就答应了。结果令人振奋，基本上一家裤子专卖店一天能卖出10~20条腰带。腰带哥觉得这事可行，于是迅速注册了自己的腰带品牌，名叫"五福花"。腰带哥雇了一些推销员，自己也亲自上马，开车到中国的县级城市，专寻那些服装或者裤子专卖店，签订代售协议，在这些门店销售腰带。

通过这样的渠道开拓，腰带哥的五福花腰带在生意最好的时候，一年有5000万元的销售额。当时在裤子店卖腰带这件事还没有引起太多人注意，所以利润非常高，他一年卖5000万元，利润就有2000万元。为什么会有这么高的利润呢？因为那时候传统品牌和厂家都在皮具店销售腰带，但皮具店老板在皮具行业做过很多年，他们都知道成本是多少，所以压价压得很厉害，一条腰带只有5~10元的利润，利润都让皮具店老板拿走了，但你也没办法，因为渠道是成交和卖货的核心要素。

裤子店就不一样了：首先，裤子店的经营者不是很关心一条腰带能赚多少，他的利润主要来自裤子的销售；其次，裤子店老板对皮具的成本也不熟，所以能给五福花留出足够的利润空间；另外，五福花的经营也是非常轻的模式，腰带都由东莞一带的代工厂加工，款式都是工厂出的，自己只要雇一些推销员开发裤子店的渠道即可，整个公司经营成本很低，利润也就比较高了。

在中国市场上，腰带还没有什么特别大的品牌，要么就是传统的金利来等做皮具的兼做腰带，要么就是一些规模不大的小厂。其实当时腰带的市场还是挺大的，大概有 100 亿元的市场规模，但这是一个极度分散的市场，很少有品牌能做到 1 亿元。腰带哥很快就把生意做到了 5000 万元，觉得做到 1 亿元也不是什么难事，他开始找咨询公司去做咨询。不过当时他找的那位策划人还算比较有良心，他劝腰带哥不要着急打广告，先把渠道拓展做扎实再说，总算为他省下来不少费用。谁知 5000 万元就是腰带哥腰带生意的巅峰，后来腰带哥的生意就开始逐年下滑，他找我的时候，生意已经比最好的时期跌落了一半以上。

为什么会出现这种情况？因为后来发生了几件事。

第一，他率先开发的裤子店销售渠道也被同行发现了，几个同行随即快速跟进，跟他抢裤子店的渠道。他们通过给更多佣金、无抵押进货等各种手段，不断侵蚀腰带哥的渠道，导致"腰带哥"的腰带利润下降，销售额也随之下降。

第二，不仅仅是渠道被人抢占，由于电商的发展，线下裤子店的客流也在逐年下降，当然腰带的销量也随之下降。

第三条尤其致命，随着新一代年轻人长大，腰带市场逐渐萎缩，因为今天的穿戴习惯变了，许多消费者已经不需要腰带了。

当然与腰带哥抢生意的那几个品牌，后来也都销声匿迹了，因为他们给的佣金高，利润自然就不好，加之给裤子店供货不能预收货款，所以渠道的损耗很大，货款也很难收回，干了几年就做不下去了，只剩下腰带哥还在苦苦支撑。

第二个商业故事，是关于"炸鸡皇后"的。

炸鸡皇后在经营的最高峰曾经有 1000 多家门店或档口，2023 年大概只剩下 100 多家门店了。这又是一个发现渠道红利，然后随着渠道红利消失而生意跌落的故事。

炸鸡皇后的老板早年做炸鸡，2012 年，有一个偶然的机会，他们进了一家超市，这家超市是胖东来的前总经理开的。他们就在超市里搭个档口卖现炸的炸鸡，一个 4 平方米的档口，4 个员工，一个月做到了 36 万元的营业额。然后炸鸡皇后就陆续进驻了胖东来等河南的本地超市，随后向全国的大型超市永辉、大润发、盒马、利群、银座等扩展，最辉煌的时候，它开到了 1000 多家门店或档口。

2012 年之后，大型超市还有一段黄金时期，而且在大型超市中，炸鸡皇后是独家经营，经营面积很小，没有竞争对手，成本又低，所以经营状况非常好。

但它也有几个天生的缺陷。

第一，虽然品牌叫炸鸡皇后，但因为主要在连锁超市中开辟档口经营，绝大部分顾客认为这不是一个独立品牌，而是这家超市的产品。顾客在永辉买的炸鸡，他就认为这是永辉的；在大润发买的，就觉得这是大润发的。炸鸡皇后虽然开了这么多店，但因为通常都是店中店，档口装潢等又不是很显眼，所以没有形成很强的品牌认知。

第二，炸鸡皇后主要在大型连锁超市内开店，这个渠道过于独特和集中，渠道单一，很难抵抗风险。所以后来随着大型超市逐渐走下坡路，炸鸡皇后的生意也就很难维持了。

特别是三年疫情，大型超市的客流逐年下降，顾客更加习惯在社区周边和网上采购生活用品。社区周边的便利店、生鲜店、生活超市、炒货店、蔬菜店、水果店、烘焙店等，逐步蚕食了大型超市的功能。中国市场的消费者与美国的有很大不同，美国的消费者居住分散，社区很难形成规模，所以服务社区的小店无法生存，美国消费者迄今仍然是到大型超市集中采购。而中国的消费者聚集程度高，社区周边生活便利，不需要集中采购，电商和O2O（线上到线下）业务又发达，这些因素都导致大型超市在国内的衰落。

成交的关键就是渠道，因为渠道本身就是交易发生的地方、让交易发生的人、促进交易发生的方法的组合。腰带哥发掘渠道的故事，跟本书前面讲的那家奶茶店的渠道故事类似，核心就是要找到能发生交易的地方，并把你的货铺到那里去。而炸鸡皇后的案例也说明了渠道的重要性，甚至有了核心渠道，你不需要什么品牌力加持，就可以获得可观的销售和利润。

所以企业在成长初期，搞定渠道是一个非常重要的命题，因为渠道就是交易发生的地方。

笔记 10

餐饮渠道案例——每一次渠道的变化，都会带来大量的新兴商业机会

2009 年，刚刚毕业的大学生朱海琴和她的三个合伙人一起在北京什刹海的前海东沿 10 号开了一家叫云海肴的云南菜馆，这个餐馆的房子是其中一位合伙人亲戚的，所以这里就成为他们的第一家店址。2009 年的北京，云南菜馆非常少，所以云海肴自开张之后就异常火爆，但你可别羡慕，因为这家菜馆看起来很火，其实一年下来也不怎么挣钱。为什么呢？因为什刹海这个地方有个特点，就是夏天人多，冬天没人，所以云海肴这家店夏天赚、冬天赔，一年算下来也就是个不赔不赚。虽然第一家店并不算成功，但是今天的云海肴却是中国云南菜品类的头部品牌，这中间究竟发生了什么呢？

先问你一个问题，如果你是 2009 年的朱海琴，你要在北京开第二家云海肴餐厅，你会选择在哪里开店呢？

你要注意云海肴创办的这个时间点，2009 年。这一年，差不多正是餐饮行业的一个分水岭。因为这个时期，中国三线以上城市的一个大渠道正在慢慢消退，而另一个巨量的渠道正在快速崛起。正因为

这种渠道的变化，让中国的餐饮行业开始天翻地覆，大浪淘沙，群雄并起。过去的王者走下神坛，新晋的品牌粉墨登场，一场中国餐饮行业的新旧更替就借着这个渠道的更新拉开了序幕。

早在 2003 年，在北京市城西蓝靛厂一个著名的超大地产项目世纪城附近，有一座大型购物中心开始建设，它就是今天的世纪金源购物中心。这个购物中心面积有 68 万平方米，在 2004 年开业，也是北京最早的综合购物中心之一。自此以后，北京乃至全国的购物中心就如雨后春笋般生长了出来。根据中国连锁经营协会发布的《中国购物中心对经济社会发展贡献力报告（2021）》提供的数据，截至 2021 年底，全国购物中心总量为 6300 多家。

你可能要问，购物中心开业跟餐饮渠道有什么关系呢？当然有关系。在购物中心之前，中国的商场普遍是百货大楼模式。年龄稍微大一点的朋友可能还记得，过去购物和吃饭这两个行为是分离的，通常是去百货大楼买东西，吃饭的话要么回家，要么去街边的餐馆吃饭。那时候，中国的餐馆普遍都是开在大街边或者社区内。

在哪里开店，就会在哪里产生交易，而产生交易的地方，就是营销渠道中所谓的终端。

当十几年前的餐厅开在街边的时候，餐饮行业提供的主要价值有两种：一种是正规而贵一点的，专做商务宴请以及团体和家庭聚餐；另一种就很便宜，比如路边的包子店、拉面店、小炒店等，就是解决简单的吃饭问题。

如果顾客去餐厅吃饭是为了聚餐或者宴请，餐厅提供的产品就要为这个目的服务。这种商务餐厅（也被称为宴请餐厅）普遍面积比较大，包间很多，装修气派，菜单要有鱼、肉、海鲜、野味这些大菜，菜的种类还要多，有时候酒比一桌菜还贵（当时餐厅不允许自带酒水，自带酒水的话要加收开瓶费），等等，这些就是适应消费者的产品设计。餐厅的定价就是按照宴请的定价来的，即使是优惠套餐，也是一桌菜打包卖，冷热荤素再搭配上酒水。

同时，餐厅的推广主要靠街边的门头装潢，这样才能最大程度地吸引往来的路人。所以那个时候的酒楼饭店，门头的装潢都特别下功夫，要装饰得非常显眼、醒目，要么装饰成一个传统的大门楼，要么弄个特别的标志在上面，比如我去广州上下九步行街的时候，就看到有个餐厅门头上有两只巨大的粉红色的兔子。那时候，在宴席期间，餐厅的商务经理会不停地到各个包房敬酒、留名片，这就是那时候主要的促销推广方式。

那时候，餐厅的自家店面几乎就是唯一的宣传阵地，所以店主要竭尽所能地利用起来。2001 年我在北航读书，北航大运村宿舍附近有一家特别出名的川菜馆，叫沸腾鱼乡，当时在北京特别火，火到什么程度呢？2003 年"非典"期间，大家几乎都不出门吃饭了，我们学校附近的沸腾鱼乡门口照样排队。它门头的招牌，光四个字的名字就有十几米长，而且因为它的主打产品是水煮鱼，花椒和辣椒的味道特别重，香味通过后厨的排气扇吹出来就到了街上，离他们店 50 米都能闻到香味。这就是通过自己独有的味道来做传播。

西贝莜面村是在 1999 年进驻北京的，那个时候它就是特色大酒楼的形式。当时北航附近的牡丹园就有一家西贝莜面村，店面很显眼，我还记得"西贝莜面村"这五个特别大的字安装在楼顶，每次坐公交车从牡丹园路过都能看到。

你看，渠道不同，会导致功能和价值不同，功能和价值不同又导致产品不同，产品不同又导致定价不同，然后推广方式也就不同。

云海肴 2009 年开的就是街边店，街边店不仅仅是一种餐饮位置和形态，还是一种独特的餐饮渠道。

但当时这种核心的餐饮形态很快就要成为过去时了，随着购物中心的繁荣，诞生了一个重要和全新的餐饮渠道。这个时候的消费者，购物、娱乐和吃饭这几种行为合而为一，购物中心招商时的餐饮模块占比就越来越大，绝大部分餐饮都搬到了购物中心里。

我们已经了解，4P 是互为因果、相辅相成的。比如，餐饮业最重要的一个 P——渠道变了，而这个 P 的变化，带来了其他 3 个 P（产品、定价、推广）的大变革。

以过去街边店的模式为例，如果是做宴请餐，餐厅面积至少1000 平方米以上。但购物中心的顾客主要目的是解决个人就餐问题，顶多是跟好朋友一起逛街吃个饭，所以就餐人数就会从 10 人左右下降到 2~4 人为主，这也是像太二酸菜鱼这种比较有个性的餐厅为什么超过 4 人不接待的原因，但这在过去是不可想象的。这时候，餐厅的面积开始缩小，一般是 200~500 平方米，餐桌从圆桌变成了方桌，就餐人数从 10 人左右变成了 4 人左右，菜单从大鱼大肉的主菜向特色、小份、精致、创意等方向发展。这就是渠道发生变化后带来的产品变化，我们现在把这类餐饮叫作正餐、简餐或休闲餐，而过去流行的叫宴请餐。

在定价方面，宴请餐的定价会更高，正餐、休闲餐的定价相对来说就更平民化一些，所以才会有后来的绿茶、外婆家这种主打极致性价比的品牌。2010 年，云海肴开第二家店的时候把店址选在了中关村的欧美汇购物中心（现名"领展购物广场"），从此，云海肴从一个街边店品牌变成了商场店餐饮品牌，并在之后逐渐成长为中国云南菜的头部品牌。云海肴开第一家店的时候，叫"云海肴牛肝菌"，但以牛肝菌做主打菜价格就太贵了，而且牛肝菌不容易被大众理解和接受，后来云海肴以正餐品牌进入购物中心后，就改成了"云海肴云南菜"。

渠道改变了顾客的消费习惯，同时也改变了产品结构和定价，它们是互相依存、互相促进的。

最后一个 P 就是推广。餐饮的渠道变成了购物中心，那推广动作就跟之前很不一样了，最简单、最普遍的做法是在购物中心做墙体和商场内部的广告。西贝莜面村（以下简称西贝）进入购物中心之后有一个广告原则，叫"不用问路走到门"，主要就是在购物中心做广告和各种路牌指示。当然，随着互联网的发展，美团点评、小红书、抖音、微信私域等也成为餐饮行业推广的重要阵地了。

购物中心发展的早期，西贝转型的动作其实慢了一点，2010—2014 年，西贝还是在做大型宴请餐饮模式，先是定位成了"西贝西北民间菜"，后来又改成了"西贝西北菜"，再后来又改成了"中国烹羊专家"，折腾了几次都不算成功。其实不管怎么改，都没有解决一个根本性问题，那就是餐饮行业的发展趋势和主流形态已经不是宴请餐了，在一个非趋势、非主流的形态里无论怎么折腾，机会都没有那么大。

最终西贝改变了策略，它先是尝试性地在北京财富购物中心三层开了一家 800 平方米的店，800 平方米对当时的西贝来说算是非常小了。结果非常成功，然后公司快速调整了战略，以适应渠道变化和消费需求的变化，变成了今天的样子。

西贝在这个时候的改变有几个方面。

第一，它把店面从几千平方米改成了几百平方米，从大酒楼的形态变成了购物中心休闲餐厅。

第二，它取消了原来所有的包间，客人都在大厅吃饭，桌子从圆桌变成了方桌，从一桌坐十几个人变成一桌坐四五个人。这就从宴请餐变成了日常餐饮。

第三，它的菜单发生了变化。原来西贝有100多道菜，后来缩减至40多道菜，这样集中研发更少的菜品，更容易做到每道菜都好吃，所以它才有了"闭着眼睛点，道道都好吃"的广告口号。菜品减少之后，客户点餐会更快，这样餐厅的翻台率就会提升，不让客人在点菜上浪费太多时间。

第四，它的装修风格变了。西贝一改原来大酒楼那种夸张的装修风格，变成了明厨亮灶，餐厅风格更加简洁明快。

第五，它的传播推广发生了变化。原来在路边开大酒楼，只要门头装饰得显眼，招牌搞得足够大，就有很好的效果。但搬进购物中心后，你没法装潢那么夸张的门头，所以西贝的推广几乎全部发生在购物中心。它在购物中心外墙打户外广告，告诉消费者这里有一家西贝；它在购物中心里面用挂旗和海报告诉消费者自己在哪层哪个门牌号；它在店门口还有声音广播，排队的时候它就喊"I love 莜，西贝请您用餐了"，这就是它的广告。

西贝从宴请餐转做休闲餐，是一个重大的战略转型，这也让西贝的营业额从2009年的5亿元左右增加到2022年的近60亿元。而这个战略转型就是基于餐饮渠道的变化和消费形态的改变而发生的。

几年之后的2015年，餐饮行业又面临着一个大的渠道更替，就是外卖平台的崛起。我们可以这么说，最早的街边大店解决的是宴请和聚餐需求，购物中心渠道解决的是休闲餐需求，而外卖则是解决了日常和工作餐的需求。这里你可以思考一下，如果你是一个餐饮店的老板，当餐饮的一个重要渠道变成外卖的时候，你会根据这个渠道的变化在 4P 的框架下做怎样的调整？

比如产品，其实中餐的很多菜都不适合做外卖，或者说一做外卖品质就会下降。我过去很喜欢吃的一道菜叫拔丝红薯，堂食如果是 90 分，做个外卖可能就不及格。所以商家就应该根据外卖的渠道重新设计自己的产品、餐具和包装，这就是渠道变化，产品要跟着重新设计。云海肴在外卖时代推出了一个新的品牌，叫刀小蛮半只鸡过桥米线。为什么要做这个品牌呢？因为外卖首先解决工作餐的问题，米线这种快餐就非常适合，它是一人一份的概念，有菜，有肉，有主食，而且米线这个产品不像面条那样容易坨，也是适合外卖的好产品。

后来随着外卖的进一步发展，又诞生了更极致的纯外卖店，这几年又催生了像熊猫星厨这样的共享厨房商业模式。

大部分熊猫星厨的选址，都是那种几乎没有人光顾的地下两三层。比如北京日坛北门附近的一家熊猫星厨，就是在某个萧条的购物中心的地下二层。这里没有任何自然客流，行走的人，除了各个入驻餐饮品牌的服务员就是外卖小哥。

熊猫星厨提供厨房，安全、卫生、防火等都符合监管要求。我有一个朋友就在熊猫星厨租了一间厨房，主要做烤鸡加米饭。烤鸡是一个操作极其简单的菜，只需要大概 10 平方米的区域，一套烘烤设备外加一个操作厨师就行。这极大地降低了店租和员工成本，所以纯做外卖是可以赚到钱的。

外卖的崛起，同样给一些反应敏锐的餐饮品牌带来崛起的机会。

比如扎根于北京的快餐品牌南城香，就抓住了外卖渠道崛起的机会，着力发展外卖业务，现在南城香好多门店都可以做到外卖每个月都可以一万单以上。茶饮品牌中的茶百道、广州的比萨品牌尊宝比萨、西式汉堡品牌韦小堡，都是踩着外卖渠道的崛起发展起来的，它们正在用更多的精力去经营外卖渠道。

商家在产品包装上也在不断进化。过去，外卖的盒子几乎是通用的，就是那种方形或者圆形的外卖盒。后来大的连锁品牌有了自己定制的外卖盒，粉面馄饨类的可以做到汤面分离配送，饺子可以做到间隔分装，米饭类是饭菜分离，奶茶的小料可以单独分装，奶茶外卖袋还有便利贴，汤菜类也有了专门的保鲜膜封贴，等等，外卖的包装都在不断发展进步。

当然，餐饮目前能用的渠道不仅仅是门店、购物中心和外卖，还有直播，比如罗永浩第一场直播带货就卖了奈雪的茶的代金券，团购、社群和私域流量、电商等也不能忽视。

你也可以用同样的思考逻辑，用4P这个市场营销组合来思考一下外卖时代餐饮行业的其他几个P，或者，认真分析一下你们公司的整个市场营销活动。

渠道变化在其他行业也可以看到一些很好的商业机会，同时出现了一些新的商业形态。比如随着大众点评这样的网络平台风行，原来街边的按摩店就有很多靠网络平台做生意了。上海有一家叫"按了么"的养生品牌，它选址都在大楼高层，获客主要通过大众点评或者自己的公众号。成都的一家叫"常乐"的足疗按摩店，也改变了原来街边开店的模式，把自己的按摩店开进了购物中心，装修简洁、干净，服务更加标准化，吸引了大量年轻客户。爱彼迎这种共享住宿平台出现后，中国就有大量的小型民宿依靠这种渠道做生意了。

所以如果你在从事商业经营，一定要敏锐地观察渠道和消费形态的变化，这样才能及时调整自己的产品形态以适应新的变化。而每一次渠道的变化，必然会带来大量新兴的商业机会。

这两年，直播已然成了新兴渠道的"黑马"，它把推广和渠道两个部分合二为一，这也许会极大地改变国内品牌营销的方式和格局。

至于未来会发生什么具体的变化，目前还很难预测，但可以肯定的是，面对新的渠道，将会有更多全新的品牌走出来。而这些新品牌一定是有效利用了新渠道的种种优势，并让自己的品牌适应了这些渠道的特点，才会发展起来的。

我在《营销笔记》中曾经写过，茶叶是一个极其分散的市场，中国国内还没有品牌能做到年销售额超过20亿元。但是就在2022年，抖音有一个叫"丹妮茶叶"的账号，一年茶叶的销售额就超过10亿元了，这是过去那些大型茶叶品牌用10年20年才能做到的业绩。东方甄选也从直播间带货走向了建立自有品牌。叮叮懒人菜、瑞幸咖啡（预包装咖啡）等靠直播渠道快速爆发的品牌，以及大量的知识付费机构，也通过直播获得了大发展。

所以我相信，直播这种渠道的兴起，会带来许多机会，也会由此出现不少新的消费品牌。

笔记 11

并不是所有的商品都能靠一种渠道获得销售

企业经营上如果要抄作业，你应该抄最厉害的那个。

绝大部分品牌营销书，都没有涉及 to B 业务的案例和分析，因为通常的营销方法和渠道确实很难用到 to B 业务上去。to B 业务，简单来说就是以企业为顾客的业务，比如大多数的生产代工企业，它们就是在为那些品牌企业提供服务，比如人力服务、工程施工、建筑设计、生产加工、SaaS（软件运营服务）、财务记账、法律服务、企业培训等，这些都是 to B 业务。小马宋这种营销咨询公司，也是典型的 to B 业务。

我聊 to B 业务的营销首先是想让大家知道，并不是所有的商品都能靠一种渠道获得销售。比如水泥，你不太可能靠电视广告去做水泥生意。4P 虽然是个完备的营销框架，但具体到一个真实的行业，它并不能提供具有针对性且有实际效果的指导，只能通过这个行业一线的营销从业者去探索和实践具体的方法。比如今天的 VR（虚拟现实）设备，我在2015年的时候就负责过暴风影音的VR眼镜项目，8年过去了，我还没有想到一个很好的文案向顾客简单地解释VR是什么。当然，如果大部分人都使用过VR眼镜，那我们就无须解释VR是什么了，就像我们不需要向顾客解释兰州拉面是什么一样。

促成销售的方法并不仅是传统的广告和渠道，还有人员推销、会议营销、社群营销、直销、直播、电话销售、代理销售、经纪中介等。保险主要靠经纪人成交，也有保险代理公司。美容院主要靠几个大客户养着，有人一年就消费几百万元，所以大客户就特别重要。咨询行业主要靠名声、关系、人脉、口碑来成交。手机应用和游戏，首先是渠道，其次还要靠用户裂变等。

我们在一开始就讲过，渠道就是促成商品交易和交付的所有参与者的总和。那么，我们可以根据这个定义思考一下，促成to B业务产生交易以及交付的参与者都有哪些呢？

逮虾记食品有限公司既是to B公司又是to C公司，to B业务主要是虾滑食材。它的客户主要有两种，一种是餐饮行业的火锅品牌，另一种是销售火锅食材的专卖店或者流通终端。首先，逮虾记有大量的销售员，这些销售员通过公司或者个人的关系联系到目标客户，最终促成虾滑食材的采购，从这个方面说销售员就是逮虾记公司内部的渠道参与者。其次，逮虾记可以寻找到虾滑食材的代理商，通过他们联系的目标客户提供虾滑，不过代理商就要赚一部分代理费用。再次，逮虾记通常还会参加餐饮行业的供应商展销会，这种行业大会每年也有不少，目标客户的采购人员通常也会参加这类展会，有机会通过展会认识目标客户，进而促成交易。最后，逮虾记可以通过业内的媒体进行宣传，不管是付费的还是主动报道的，这也是一个渠道，比如《餐饮老板内参》、红餐网等专业媒体。此外，逮虾记也可以建立自媒体，或者在一些原材料批发网站建设自己的店铺产生交易；等等。

当然，每种渠道需要的核心能力其实是不一样的。比如销售员推销，就需要对销售队伍进行成交培训，通常需要销售员具备极强的个人成交能力。再比如在抖音上做内容，就需要有效的内容生产和推广能力。

不过请注意，渠道部分很容易和推广部分混淆。推广部分我们将在下一部分专门讲述，我这里可以给你一个简单的区分渠道和推广的方法。渠道可以认为是一套组织，指的是参与分销、促成交易和交付的各个公司或者个人参与者，它指的是机构、组织或者个人。推广指的是促进销售的各种营销活动或者方式方法。比如早期逮虾记通过东方甄选的直播来卖货，这就是一种推广方法，而东方甄选这个组织则是逮虾记的一个营销渠道；欧文莱素色瓷砖在路铁传媒投放了一个高铁站广告，投放广告这个行为本身是一种推广，路铁传媒和欧文莱的广告设计公司则算是渠道（当然这不是通常认为的重要渠道）；食族人酸辣粉在超市参加了收款台结账加1元换购活动，换购就是一种推广活动，超市是食族人的终端渠道。

作为一家营销咨询公司，小马宋也是一家做to B业务的公司，我在这里详细讲讲营销咨询公司的渠道。

我在2013年创办了"小马宋"这个公众号，逐渐成为广告业内小有名气的一个公众号，也慢慢地有客户找上门来请我发广告或者提供一些策划。2016 年，我觉得时机已经成熟，就从暴风影音离职并创办了小马宋战略营销咨询公司。其实除了极少数几家具有绝对壁垒的公司（茅台、爱马仕、华为、英伟达等），如何获客都是公司经营的头等大事，而渠道又是公司获客的重要组织体系。那么，咨询公司的营销渠道都包括哪些呢？

第一，公众号。我靠写公众号获得了个人声誉，后来又把公众号转为小马宋战略营销咨询公司的官方公众号。公众号可以发专业文章获得关注和影响力，文章包括企业经营、战略、营销、品牌和公司的案例复盘。通过公众号，我们每篇文章都附上了公司的操盘品牌和联系方式。在公众号新增关注的欢迎语中，我们推送了私域的微信群。我们有自动的公号小助手来接待关于企业业务的咨询，有专门的链接文章介绍公司的业务。从我们的经营时间来看，过去至少有一半的客户咨询是通过公众号过来的。所以至少在目前来看，公众号依然是小马宋这家公司获得咨询业务的第一渠道。

其实公众号这个渠道并不新鲜，著名的战略咨询公司波士顿咨询公司在创办早期就有一个宣传手段上的创新，它的一位早期合伙人说：“我们发明了商业理念的零售营销方式。”这个创举开启了咨询公司竞争模式的转变：波士顿咨询公司后来其实是在销售商业理念，而不是靠公司的悠久历史或资深合伙人的影响力去获得业务。波士顿咨询公司的这个创新就是广为人知的《管理新视野》（BCG Perspective）期刊，它汇集了一些短小精悍的文章，主要内容是新的商业观点或商业问题，期刊开本大小合适，能放到大衣口袋里，便于携带和阅读。

波士顿咨询公司的创始人布鲁斯·亨德森非常重视这本期刊，据说当时该公司平均每 6 个员工中就有一个专职编辑，亨德森本人也极其擅长写作，而且风格犀利，他借此在战略和管理咨询领域赢得了名声。

我们经营公司，有很大一部分工作其实就是研究优秀的前辈是如何把公司做大的，比如波士顿咨询公司的发家史，《管理新视野》就起到了非常重要的作用。放到今天，其实就是要把你公司的思想影响力扩散出去，公众号就是我们公司早期最重要的影响力扩散平台。

第二，其他自媒体平台。其实公众号也是自媒体平台，我之所以把公众号单独拿出来说，是因为公众号更适于建立个人专家形象，但是其他自媒体也同样可以成为业务渠道。说实话，这些平台主要还是为了建立小马宋的专业影响力，在上面发内容就是一家 to B 公司的推广活动，但从渠道的定义看，所有的自媒体平台都是我们的获客渠道。我们不能指望一个平台长盛不衰，所以也需要在不同的平台布局，持续保持公司和我个人的影响力。

我从 2019 年开始做了一段时间抖音，用半年时间吸引了 20 多万粉丝，并很快做到了视频号粉丝数全网前 100 名。如果那时我专心做这两个平台，或许小马宋将会是一个挺大的账号。但因为那时客户的咨询业务太多，公司也没有很得力的同事，加之我认为抖音上没有潜在客户，所以我就放弃了更新。

2022 年 5 月初，刘润老师邀请我在他的视频号做直播，那一场直播现场观众达到 18 万，平均观看时长有十几分钟，而且有客户因为看了直播来跟我们签约，这让我认识到直播的威力。加上那一年公司业务也不是很好，所以 2022 年"五一"过后我就开始重点做短视频，主要是视频号、小红书和抖音。除了短视频，截至 2023 年 5 月，小马宋的新媒体矩阵还包括公众号（54 万粉丝），得到知识城邦（14

万粉丝），小宇宙及苹果播客（加总近 10 万粉丝），知识星球（1.2 万付费会员），小马宋的读书分享群（80 多个群），微博（4 万多粉丝），个人及企业微信（3 万多朋友）。

第三，演讲和讲课培训。我经常会接到一些行业大会或者培训机构的邀请，去做演讲或者培训。这些行业大会和培训机构的参会人员或者学员基本上都是企业高管或者老板本人。2020 年，有个客户给我打电话，说想请我们做一个咨询，我问怎么了解到我的，他说2013 年听过我在某个营销培训机构的讲课，后来就一直关注着。所以，咨询公司的业务其实就是慢慢养，养客户，养业务，养口碑，等到客户有需要的时候，自然就会找你了。

第四，广告。我这里说的广告指的是所有付费的推广行为。机场、高铁、商业中心区的媒体等，都是咨询公司目标客户比较集中的地方，是可以适当做一些广告的，当然是在实力允许范围之内。也有一些同行会在百度之类的平台买一些关键词去做公司的推广。不过在广告上，我们并没有花很多钱，一来公司的经营体量不是很大，二来我们有比较好的获客渠道，所以暂时没有考虑做传统广告。我预计在公司营业收入达到 1 亿元的时候，会在传统渠道持续投放我们公司的广告。

第五，写书。写书其实就是传播自己的思想，这跟写公众号文章的作用是相同的，也就是波士顿咨询公司所谓的“销售商业理念”的业务。但写书比写公众号文章的仪式感要强很多，而且书作为一个媒介，它更加正式、庄重，比普通网络媒体更有价值感，这也是传播学奠基人马歇尔·麦克卢汉讲的“媒介即信息”。书作为一种传播媒介，本身就自带一种信息，尤其是当年选择了一个信誉良好的出版社，并且在正规大书店出售的时候，这种媒介对你的品牌和思想的加持是相当强大的。

我在2022年出版了我的《营销笔记》，此后这本书的影响力就一直延续，出版几个月后，陆陆续续有读过此书的管理者找到我们洽谈业务。所以出版社、编辑、图书销售渠道本身也是我们的一个营销渠道。

第六，其他产品。我们公司除了咨询服务，还有图书出版、青年营销训练营。2023年，我们还第一次举办了小马宋七周年案例发布会，超过300人付费（普通票2999元，VIP票8800元）参加了整整一天的发布会。未来，我们还会开发线上营销课程、私董会等产品。这样，我们就把获客方式也做成了一种产品，既能获取收益，还能宣传公司。

第七，分销商。咨询公司也可以有分销，我们确实也尝试过使用分销，但不是很成功。曾经有些机构提出成为我们咨询业务的代理机构，他们去跟目标客户谈，如果成功签约可以赚取一定的佣金。但我们没有使用过这样的代理机构，倒是有少数几个熟悉的朋友说可以介绍一些业务，我也答应过他们可以拿到一定分成，这简单来说也是一种业务代理渠道。实际上，这几个朋友也没有谈成过任何单子。我知道有些咨询公司是能通过这种代理机构获得业务的，这也是他们一种重要的营销渠道，但至少在我们这里行不通，这两年我们再也没有考虑过招业务代理的事。

第八，特许经营。这在咨询行业比较少见，不过也有人这么做过。2022年，国内管理咨询领域规模第一的和君咨询就公开发布过合伙人招募新闻，我看它的合伙人的条件，就是一个和君的品牌授权加盟机制。授权加盟，这在线下连锁品牌中非常常见，但是咨询行业不是很常见。加盟商也可以被认为是咨询公司的一种渠道组织，尤其是授权的区域合伙人，本质上就是在寻找当地有人脉关系和影响力的个人或者机构，再结合咨询公司的品牌影响力来获得咨询业务。至于这个渠道形式效果如何，目前不得而知，国内并没有很多的商业实践，我们可以观察几年再说。

第九，比稿或者投标。我不是很确定这个获得业务的方式该如何解释，如果是一种渠道，那它的参与者相当于是你的潜在客户或者客户的采购部门。比稿或者投标这件事很重要，它本身是 to B 型公司的重要业务推广方式，在这里，招投标双方共同构成了促成交易发生的渠道方。

今天，国内绝大多数的政府项目，以及绝大多数正规的上市公司或者规模型公司，在进行业务采购时几乎都需要招标。企业应标去获得业务，已经成为最正常的获客方式或渠道之一。

小马宋历史上有过一次业务投标，而且是失败的。自那次投标失败之后，我们就再也没有做过任何一次投标或者比稿。

以上就是我总结的咨询公司的获客渠道，当然，为了让大家更清楚咨询行业的获客方式，我也列出了一些我们没有做，其他公司会做的一些方式。其实渠道方式大家都差不多，重要的还是你的执行能力和执行效率。所以你也会看到，不同公司擅长的方式不一样，但宗旨就是发挥各自的优势，找到最有效的获客渠道并坚持下去。

我在咨询经历中，经常会被客户问道：你们是 to B 的业务，怎么才能有效找到客户并产生销售？

to B 的客户是专业客户，通常会比普通消费者更了解行业信息，所以很难产生信息不对称。它们对产品的质量和技术的甄别能力也很强。真正做得好的 to B 企业，要么就是具有极强的技术壁垒，比如华为的通信设备和技术、高通和英伟达的芯片、比亚迪的刀片电池、孟山都的基因育种等，都属于有强大技术壁垒的行业；要么就需要强大的成本优势，比如在原材料供应、普通制造加工行业，如果你能做到成本低、质量好，那当然会有优势，通常这种优势是建立在企业规模或者技术创新之上的。

当然还有大量中型企业，它们在技术和成本上都没有什么优势和壁垒，这也是绝大多数 to B 企业的真实状况，那就只有去拼业务员的销售效率或者其他方面的执行能力了，比如你比同行更善于做短视频的内容推广。

对于一个普通的 to B 企业，如果还不知道该怎么做，那你就找业内做得最好的公司，看一看它们是怎么做的。

通常我说到这里，有些客户还是一脸蒙，不知道该怎么把 to B 的业务做好，如果你连学习别人的能力都没有，那我觉得你真的不适合经营企业。

扫码收藏本章金句

第二部分
推广

笔记 12

4P 中 "promotion" 的准确含义

雄孔雀的开屏会耗费它极大的能量，但这种能量耗费是值得的，因为开屏吸引来了它想要的雌孔雀。

我们正式进入 4P 的最后一个 P——推广，其实推广这部分才是大部分人对营销的认知。

我们先讲一讲"推广"的英文单词"promotion"，过去很多营销教科书把它翻译成促销，我认为不太准确。当然这也是翻译会普遍遇到的问题，不同语言之间总会有一些词不能完全对应。我说这个翻译不太准确，是因为我们对"促销"这个词的理解不同。汉语中的"促销"，最通常的理解就是让利销售，但是英语中的"promotion"并不仅仅是这一个意思。威廉·尼克尔斯所著的《认识商业》中是这么定义促销的：促销（promotion）是卖方用来告知并鼓励人们购买其产品或服务的所有技巧。促销活动包括广告、个人销售、公共关系、推广、口碑（病毒式营销），以及各种促销手段，如优惠券、返利、小样和打折优惠。

你会发现，这个定义有个很大的语言逻辑问题，你看，他说促销就是"广告＋销售＋公关＋推广＋口碑＋各种促销"，促销怎么能等于各种方法加促销呢？这不就是循环定义吗？所以，在这个定义中，要解释的"促销"定义和定义中出现的"促销手段"的"促销"其实是两个不同的概念。

我写过很多篇关于4P的文章，对"promotion"这个词的翻译也是反反复复，"促销""推广""传播""促进销售"，我都用过，我个人认为"促销"显然是不合适的。"促进销售"这个词虽然准确一些，但又不常用，"传播"的意思也并不完全符合。所以在这里跟大家确认一下，在讲"promotion"这部分时，我们就翻译成"推广"好了。至于你今后习惯叫促销、推广还是传播，都不重要，因为语言天生就有局限性，你只要心里明白就好了。我借用一下尼克尔斯对促销的定义，对推广下一个定义：推广是卖方用来告知并鼓励人们购买其产品或服务的所有技巧、方式和方法。推广活动包括广告、个人销售、公共关系、展会、裂变、直播，以及各种促销手段，如优惠券、返利、满减、小样和打折优惠等。

你想让自己的商品更快地销售，就需要开展和实施各种各样的推广活动以达成这个目的。

广告传播这个行业其实有很多不同类型的公司，它们各自协助企业完成了促进销售的不同事项，这些公司包括广告公司、公关公司、活动公司、媒介投放公司、社会化传播公司、影视制作公司等。但你不要误解，以为企业的市场营销人员也这么分工，在实际工作中，市场营销的分工是很灵活的，而且每个企业促进销售的手段和方式都各有侧重，并不需要样样精通。

大企业大品牌的市场工作内容多、任务重、预算多，分工较为细致。小企业以及初创企业，不可能也没必要分别雇用广告、公关、媒介等专业人员，甚至好多初创企业的营销人员都是创始人或者其他员工兼任的，在市场部的人员设置上，有许多可以灵活调整的地方。

不同的行业，不同的阶段，推广的重心也是不同的。

比如逮虾记，早期主要做虾滑的原料供应，以供应全国各大火锅品牌。那它促进销售最有效的办法就是在餐饮行业媒体做广告、提供赞助、参加行业展会和个人推销。

再比如元气森林，它促进销售的手段就不同了。作为一个销售体量有几十亿元的快消饮品，最重要的渠道是线下（线上的货值太低，运输费用高，不划算），要想促进销售，可用的方法就包括 TVC（商业电视广告）、卖场折扣、堆头展示、试饮、促销员推广，或者配合一些顶流主播的直播推广。

如果是一个餐饮企业呢？餐饮企业受到地理位置的限制，它很难突破 3 公里的消费半径（这要看具体情况，一般工作餐和快餐的销售半径是步行 10 分钟左右，差不多是 500~1000 米；正餐和休闲餐的消费半径大概是交通工具 30 分钟之内，一、二线城市约在 5 公里之内；宴请餐的消费半径一般在 10 公里以内），所以餐饮品牌促进销售的方式也有其独特性。

首先是地理位置的局限性，所以它的户外广告一般是所在商场的周边，比如商场周围的公交站牌、小区广告、商场外墙、商场内吊旗等。如果是做互联网广告，往往就是选择本地媒体或者 LBS（基于地理信息来投放广告），比如微信朋友圈广告可以准确投放不同的商圈广告，也可以是本地的小红书、抖音博主的探店广告，当然还有传统的发传单。

其次是接待能力有限。餐厅的座位就那么多，所以不会大规模做广告，否则它接待不过来。

最后，餐饮行业的门头招牌是最核心的传播方法。门头同时承担了广告和招揽的功能，而且餐厅门头招牌将宣传和购买合二为一，而不是像传统广告那样，宣传和购买是分离的。

餐饮行业可以用到的促进销售的手段，除了广告，还有优惠券、会员充值当日免单、当日特价菜、饮料或小吃免费、满减、发朋友圈有优惠等各种方法。

你找到或者搞定一个强大的渠道，本身也是一种强有力的推广方法。比如图书，图书的推广比较特别，因为过去这些年，图书的销售越来越依赖强势渠道的推荐。通常一本普通的书，首印数是几千册，而这几千册几乎就是这本书的最终销量。卖到1万册以上的书，销量还说得过去，而卖到5万册，就可以认为是畅销书。现在传统书店的销售日益下降，直播带货对书的影响却越来越大。著名商业咨询顾问刘润老师进入东方甄选直播间对话，他撰写的《底层逻辑》一书在直播间1小时就销售了超过3万册，这比绝大部分图书一年的销量都多。这几年，也有少数新兴品牌靠着跟大主播签订了独家协议而获得了非常高的销量。所以找到并搞定强势渠道，本身就是一种推广活动。

渠道会提供购买的流量，而推广则提升流量和转化率。

比如沃尔玛是一个渠道，沃尔玛提供了相对固定的客流量，而入驻沃尔玛的品牌，通过在沃尔玛周边小区打促销广告，或者是LBS的线上广告，或者是在沃尔玛现场试吃、降价促销，就可以拉到更多的客流，促成更多的销售。

几年前我拜访过著名的线下干果零售品牌粒上皇。他们的主打产品是炒栗子，还有其他干果零食，生意非常火。之所以生意好，除了产品好、位置选得好，还有一个重要原因，就是他们门店现场的推广做得非常好。粒上皇内部有个说法，叫作现场促销三大法宝：喊麦、试吃、买一斤送半斤。我当时在广州北京路的粒上皇感受过他们的现场推广，真的是很有效。

喊麦，就是员工站在店门口用小喇叭招呼客人，如果你经常逛街，一定对此很熟悉。大声又热情的喊麦，会创造一种店铺的热卖感，并且能传播店铺的信息，比如销售品种、优惠信息等，让路过的顾客更容易进店。

试吃就是在店门口放试吃台，路过的顾客可以随便试吃。通常免费试吃有两个作用，一是顾客尝试之后感觉到真好，会促进他们购买；二是试吃提供了一个让顾客停下脚步的理由，你可以趁机向他们介绍店里的产品或者服务，顾客也因为占了你的便宜而觉得不好意思，他们至少愿意进店多逛一逛，这通常就会产生购买。

买一斤送半斤，就是明晃晃的优惠活动，拿店里一款最大众的产品（如现炒瓜子）来做活动。不管穷人还是富人，看到现成的优惠都会产生购买的冲动。

你和一个超级主播谈好了直播带货，主播自己是有流量的，那品牌方是不是就可以不做工作了？也不是，品牌方可以通过抖音、快手或者淘宝去投放广告，为自己的这场直播拉流量。这种广告又分为预告广告和直播进行中的投流两种。其实有影响力的主播在直播带货时，自己也是要投流量广告的。

渠道与推广，是卖货的核心。

渠道能力强的企业，只须找人代工，就能把产品分发销售出去，因为它们积累了快捷的销售路径。我就见过一些做传统批发和代理零食类的渠道商，他们找工厂代工一些时髦的零食产品，随随便便一年就有数千万元的销量，而且他们不做广告和推广，只通过渠道铺货就可以做到。

有些推广能力强的企业，擅长流量广告的精准投放，在线上就可以做到全国销量第一。比如做香氛的尹谜，其出货量在电商是全网第一；做装饰挂钟的美世达，甚至占据了挂钟市场近一半的销量。类似的还有做漱口水的参半，做平价酱酒的远明老酒，做不粘锅的中科德马克，做茶叶的丹妮茶叶，等等，都是行业里顶尖的企业。其实这些品牌没那么知名，销量却很惊人，利润也很可观。

还有些企业擅长品牌影响力的打造，这种企业很会为品牌造势。比如过去几年非常火的新消费品，先不说它们现在的经营状况如何，你得承认它们的品牌造势能力很强，可以通过短时期的推广让品牌产生巨大的知名度和关注度，从而让各个渠道争相进货或者代理。不过其中有些企业在产品设计、定价和企业经营层面存在很多问题，虽然名气很大，但经营上漏洞百出，无法实现盈利。其实如果能把经营逻辑想清楚，加上出色的品牌推广能力，是很可能会产生优秀品牌的。

我在《营销笔记》中强调了产品和定价的重要性，其实对绝大部分企业来说，产品没有太大差别，更重要的是渠道和推广能力。渠道和推广是卖货的关键所在。

如果产品强，定价合理，渠道和推广又给力，那做成一个大品牌就只是时间问题了。

笔记 13

推广就是让顾客产生记忆、购买和传播

任何品牌都面临两个难题：第一是品牌知名度永远都不够，第二是经费永远都不够。

尽管我们说的推广有各种各样的形式，广告是推广，打折是推广，试吃是推广，发朋友圈是推广，直播是推广，新闻报道也是推广，但推广的目的其实很简单，就是让顾客产生三个行为：记忆、购买和传播。

第一个行为：记忆

所有的传播，都希望顾客能记住一些"必要信息"。比如瓜子二手车的电梯广告，顾客看完后就会记住"没有中间商赚差价"；看完元气森林的广告，就会记住"零糖零脂零卡"。即使是一条效果广告，顾客肯定也是接收到了某些信息，比如某电商网站打一条广告"百亿补贴正在进行，苹果手机 ××××元"，顾客可能不会立刻点击购买，但也会记住"百亿补贴"这种核心信息。

一条由企业付费、由新闻媒体或者是自媒体发布的有关该企业的新闻，也是一种推广方式，早期纸媒新闻时代，这种稿件被称为"软文"。当一个读者浏览了这条新闻，或者多次浏览有关这家企业的新闻之后，他就会形成对这家企业或者这个品牌的某些印象。国内市场常常出现一些"网红"新消费品牌，这些新消费品牌通常会买大量的媒体软文，这也是一种"红"的方式。当文章铺天盖地的时候，大家就会记住这个品牌，会觉得这个品牌现在很红、很火。

阅读这些文章的读者中，有的是顾客，有的是投资人，有的是潜在的经销商。它会影响顾客的购买行为，也会影响投资人的购买行为，只不过投资人购买的是股权，也就是对这家公司进行投资。经销商受到影响后，也有可能来加盟，这本质上也是一种购买行为，他们买的是这个品牌的代理权或者加盟权。如果你是做投资的，或者想加盟一个品牌，千万不能受这些报道的影响，而应该谨慎地考察这家品牌究竟有没有竞争力。

第二个行为：购买

刚才讲的记忆这个话题，实际也涉及购买行为。顾客看到推广的信息之后，除了记住某些内容，还会产生购买行为（立刻购买或者日后购买）。推广本质上是一种信息推送服务，顾客看到后，就会在头脑中储存一个关于该品牌的信息包，这个信息包是经过品牌方设计的，就是我们说的记忆信息。小马宋的对外广告是"小马宋真的懂生意，方案能落地"，其中的信息包括了公司名称和公司特点。这个信息包必须足够简单，保持一致，不断重复，客户才容易记住。当客户有营销咨询需求的时候，他脑子里就会调出存储的信息包，要么直接搜索小马宋公司信息联系合作事宜，要么列出几家他记住的公司名单，挨个去谈判考察，以决定与哪家公司合作。

所以，记忆的最终导向还是希望顾客购买。

有些推广可能要持续很久，才会产生购买行为。与小马宋公司签约的很多客户，其实知道小马宋这家公司好多年了，有的是看过我的公众号，有的是看过我写的书，有的是听过我讲的课，这些动作都可以算是小马宋这家公司的推广行为，只是它们的回报周期比较长，3年、5年甚至10年以上都有可能。

当然有些购买行为就很快，顾客看到一家餐厅，可能立刻走进去吃饭；顾客看到一条推广商品的短视频，也可能立刻点击下单。顾客为什么会产生购买行为？是因为品牌推广提供了打动顾客的信息和内容，总结下来大概有这么几种：

第一，匹配了顾客的需求。比如一个顾客脚臭，你恰好发了一条"不会脚臭"的袜子，他很可能会立刻下单。夏天来了，家里太热，顾客需要空调，这时候你的广告恰好推送到了顾客那里，他也很容易下单。

第二，激发了顾客的需求。一个顾客本来并不打算买面包，但你发的视频上的面包看起来实在太好吃了，他也会下单。我们最近常说的所谓内容电商，常常会激发顾客的需求，而这种需求本来不是他计划中的。

第三，进行了消费提醒。有些需求是顾客潜在的，只是他并没有意识到，广告此时就会产生提醒的作用。比如顾客过去经常光顾一家餐厅，但很久不去了，一旦在短视频上看到这家餐厅上新菜了，他就被提醒了，很可能会再次光顾这家餐厅。我每到节假日都会收到很多品牌赠送的礼物，其中有个卖豪车的，叫老纪，他一年通过私域卖豪车能卖几十亿元。他逢年过节会发出大量的礼物，这些礼物未必很贵，但是都很用心，有巧思。这个送礼物，其实就是一次消费提醒，让收礼者想起，朋友圈还有一个卖豪车的人，如果恰好有需要，很可能就会产生购买。据说老纪每送一次礼物，都会有几百万元的订单产生。

第四，让顾客感觉占了便宜。绝大部分促销活动不是因为顾客现在就需要这个商品，而是顾客觉得这次活动优惠力度很大，他会产生购买行为，所谓囤货就是这样的。顾客一旦囤货，就会对后期很长时间的购买产生影响。

以顾客立刻产生购买为目的的推广占了今天推广活动的大多数，也发展出了一系列提升推广有效转化率的方法，我们在超市随处可见的打折促销、一元加购、试吃促销、买一送一等都是这样的推广活动。而短视频平台的达播（主播带货）、店播、直播切片、"种草"、直播，电商平台的搜索引擎优化、直通车、淘宝客，等等，都是以顾客直接购买为目的。因为形式太多，平台规则变化很快，这种提升转化率的方法需要根据实际情况不断修正改进，一切以实际操作为准，理论总结和方法论总结总是落后于现实。

第三个行为：传播

一个企业进行推广，如果仅仅是单方面的推广活动，费用是惊人的；如果能让顾客也参与商品的推广和传播，那企业就可以节省海量的推广费用。

我们写一句广告语，不但希望顾客能记住，还有一个很重要的思考，就是希望顾客在给朋友介绍的时候，也使用这句广告语。比如云耕物作红糖姜茶的广告语"红糖好不好，先看配料表"，这个就有助于顾客再次传播。顾客明白了你的配料是好的，他们向自己的朋友或者同事介绍云耕物作时，也会使用同样的广告语去介绍。所以广告口号不仅仅是我们说给顾客听，还要让顾客说给别人听。

过去，广告语至关重要，因为品牌的传播主要靠广告。今天，推广手段越来越多，有越来越多的方法让顾客产生传播行为。

比如一个品牌拍了一条很有意思或者很能打动人的短视频，那观看者就会主动转发到自己的朋友圈、微信群或者微信朋友那里。过去我们写广告口号要尽量简短好记，是希望顾客能记住并传播，但是今天的手机已经成为人类非常重要的外部"器官"，它让人类的传播和记忆能力大大加强，所以有时候人们不需要记住也可以传播，因为手机有收藏和转发功能。

得到 App 的课程，用户看到好的内容可以画线转发，分享给朋友阅读，这是 App 的功能设计，方便顾客帮你传播。微信有大量的裂变方式，包括商家也有许多拼团组团特价购买的方式，这些都是让顾客帮你传播的方法。今天让顾客传播做得最好的实体之一是瑞幸咖啡，瑞幸咖啡的"请朋友喝咖啡"功能被使用到了极致。

"熊猫不走蛋糕"（以下简称"熊猫不走"）在早期推广中就最大程度地利用了顾客的传播行为。熊猫不走是线上下单线下送货，而且生日蛋糕有相当程度的本地生活属性，这就需要熊猫不走有大量的本地线上推广能力。

早期，熊猫不走通过本地公交、电梯等广告的配合，在本地的主要商圈做地推。地推形式其实很简单，就是现场送熊猫公仔和生日蛋糕。只要关注熊猫不走公众号并生成一张传播图片，将这张图片群发

200个朋友，就可以免费获得一个熊猫公仔。如果朋友足够多，群发给600个好友，就能免费获得一个生日蛋糕。这种看起来简单的推广方式却相当有效，尤其是在三、四线城市商圈。熊猫不走在2018年做地推，平均0.7元就获得一个粉丝，获得50万粉丝，成本也不过30多万元。当获得一定量粉丝之后，它就可以在线上获客并销售生日蛋糕了。

在熊猫不走的案例中，顾客的传播起到了至关重要的作用。

笔记 14

营销推广活动"三角"：场景、内容和形式

如果你想钓鱼，就要到鱼多的地方去钓。

所谓推广，就是让你的潜在目标顾客接收到你想要发送的信息，进而产生你想要的行动。一个推广活动包含了推广场景、推广内容和推广形式三部分，一个优秀的推广活动就是在这三个部分做到了极致，从而获得极高的性价比。

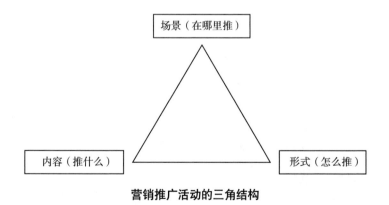

营销推广活动的三角结构

足力健老人鞋创立于 2013 年，因为是针对老年群体的商品，足力健早年主打央视和各地卫视，因为许多老年人喜欢看电视，而且他们对电视台的信任度是非常高的。同时老年人不太会用网络购物，还是喜欢电视购物、电话购物或线下店直接购买。所以足力健早期的广告，主要投放在央视各个频道和各地方卫视，并且在线下大规模开设专卖店。其中北京卫视的《养生堂》是老年人最爱看的节目之一，当时足力健在《养生堂》的投放获得了极高的回报率。足力健创始人张京康在接受采访时就说："中国有很多老年人爱看《养生堂》，我在上面冠名三年，是别人花十年才能达到的效果。"

足力健早年在电视购物上的广告投放，据说有 1∶10 的回报率。同时，足力健当时签约了在《渴望》中饰演女主角刘慧芳的演员张凯丽。《渴望》当年在电视台播出时万人空巷，当时的观众就是今天足力健老人鞋的目标群体，所以这个代言人选得非常好。另外提一句，今天在视频号卖护肤品，只要赵雅芝出来直播带货，销量就会噌噌往上涨，因为视频号的主要受众群体的"女神"就是赵雅芝。

足力健的广告内容也很简单直白，据说是张京康和副总裁李仲颐在一个小山村里反复磨出来的广告词：不挤脚，不怕滑，不累脚。当然还是有人觉得这句广告词太俗、太直白，但创始人张京康非常理解推广的本质，就是要让顾客一看就懂，所以他说："确实没有科技感，没有端着的感觉，但老百姓一听就知道是他们想要的东西。"

央视、卫视、超市、专卖店就是足力健推广的场景，推广内容主要是张凯丽代言的简单直白的广告，推广形式就是电视广告＋电视购物＋线下专卖，这样的黄金组合让足力健像火箭一样，几年时间销售额就从 0 增长到 40 亿元。

场景，就是在哪里推；内容，就是推什么；形式，就是怎么推。正确地解决了这个问题，推广就能无往不利。

我在《营销笔记》中讲过当年搜狗输入法的推广。

早年的搜狗输入法在首次发布后，第一年的下载量并不乐观，市场份额只有3%。第二年，当时搜狗输入法的产品经理马占凯找到了一个互联网野蛮生长时期特别有效的场景：番茄花园。番茄花园是一个软件下载网站，成立于 2003 年，后来因法律原因被关闭。番茄花园网站当时的主要业务就是为网民提供某种计算机操作系统软件的下载，而这种操作系统正是番茄花园通过修改 Windows XP 系统之后形成的版本，叫作番茄花园版本。这个版本取消了微软的正版验证程序，并关闭或卸载了原版操作系统中一些不常用的功能，由此获得了大量用户。番茄花园版本通过内置和捆绑其他装机软件获利，操作系统捆绑后相当于是"系统自带"。这些软件的使用率和留存率都特别高，就像现在的手机内置 App 一样。搜狗输入法初期为数最多的用户就来自这里，而这也是搜狗输入法早期最有效的推广方式。

在这里，场景就是番茄花园，内容就是搜狗输入法的软件本身，形式就是内置在操作系统中，成为装机软件（番茄花园当时的行为属于违法，后来被查出）。

菲诗蔻是一个澳大利亚进口品牌，它们做头皮养护的产品，包括洗发水、发膜、精油等。菲诗蔻进入中国后成立了负责中国市场的办公室，当初负责菲诗蔻在中国市场推广的品牌总监发现了一个场景红利，就是快手的达播。所以当几乎所有日化洗护品牌都在天猫、小红书、抖音卷的时候，菲诗蔻利用快手的达播快速增长了起来，吃到了一两年的红利。

2019年左右，阿芙（精油）发现微信朋友圈投广告的转化非常好，就组建了一个小团队专门负责朋友圈的市场拓展。当时他们是怎么做的呢？先在朋友圈投广告，主要内容就是免费赠送阿芙精油或者护肤品，感兴趣的用户就会点击阿芙公众号的链接，通过一系列提示操作，用户要完成关注、做简单任务、加私域微信、领免费小样等一系列操作，最后用户沉淀到了微信公众号和私域，阿芙就通过各种方式激发用户第一次购买。

通常网络平台的红利期都非常短，甚至在网络平台上某些广告形式的红利期也非常短，所以各个品牌如果发现了这个红利，就会努力将之隐藏。

营销中的推广活动说起来很复杂，其实总结下来，就是要找到潜在客户最常见的场景去做推广，设计最能打动客户的推广内容，以及有效的推广形式。

如果你在写字楼附近开健身中心，那你可以拿传单到写字楼去扫楼（挨个办公室发传单）；如果做课外培训，你就可以在学校放学的时候去做推广。某众筹平台是一个做大病众筹和保险业务的公司，公司创立之初，为了找到目标客户，他们就是到医院的肿瘤科蹲守，发传单，做宣传，一个一个线下阵地推广下来的。

2002年，我在《经济观察报》短暂地工作过一年时间，当时中国的商业报纸刚刚兴起，发行量最大的是《中国经营报》（1985年创刊），那时候大部分中国企业高管都会买《中国经营报》来看。《经济观察报》创刊于2001年，那怎么才能找到商业类报纸的读者并做有效的推广呢？

其实说起来也很简单，只不过是个笨办法。当时报纸的销售渠道很单一，除了订阅，就是在报亭购买。《经济观察报》负责发行的人就雇了很多大学生，在报亭附近蹲守，只要发现有人买《中国经营报》，他们就会上前送上一份《经济观察报》，这些读者读完觉得报纸不错，也就会购买了。

我听于冬琪老师讲过一个某外卖平台甲在新疆乌鲁木齐抢市场的故事。当时乌鲁木齐市场是另一外卖平台乙的天下，甲与乙的市场份额占比是1∶9，乙占明显优势，而且投入重兵，还有大量补贴。甲在乌鲁木齐市场的城市团队人数不到乙的一半，推广资金也少得多，那怎么办呢？

甲使用了最精准但是看起来"最笨"的方法，就是利用其地推团队强大的执行能力。那时候餐馆里都是乙的订单，因为也是刚开始做外卖，餐馆老板们业务不熟练，打包忙不过来。甲的员工就到餐馆里帮老板打包乙的外卖，但是偷偷放进了甲的传单，这就是在对手的地盘里直接抢市场。

再举一个例子。

电动车的销售，主要通过全国成千上万的线下专卖店。爱玛电动车早期主要通过电视广告、城市户外广告、农村刷墙广告等传统方式来做推广。最近几年，爱玛在抖音的推广就非常高效，根据爱玛首席品牌官莫炫的说法，爱玛市场部联合爱玛全国几万家专卖店店主，能推出 1~2 万条短视频，播放量过亿，可获得大量的销售线索，让抖音成了重要的获客场景。

那他们是怎么做的呢？首先是发动爱玛经销商中能说会道、比较上镜的人拍摄短视频，从而培养出数百个优质的短视频内容生产者。根据这些内容，爱玛再整理加工，形成内容拍摄的套路和方法，带领其他上万个经销商一起做短视频内容。为了鼓励和推动经销商拍摄短视频，爱玛市场部的同事一个城市一个城市地去做动员，最后推动爱玛全体经销商进入了短视频推广行列，这也为爱玛这几年的快速增长提供了动能。

这两年爱玛还发现了一个推广场景。

过去三大电信运营商互相竞争，为了让用户开通自己公司的手机号，纷纷推出买号送手机活动。通常是用户办一个套餐，提前交一年套餐费用，就送一部手机。其实，运营商的边际成本几乎为零，它把第一年的话费换算成手机成本送给你，只要你第二年继续用这个手机号，你就开始给它们交费了。这是运营商的一种拉新手段，也是一种推广方法。

比如中国移动，它会把一个中等城市纵横切成几十个区域，在每个区域搞地推。过去送的手机通常是普通手机，今天的用户已经不感兴趣了。于是爱玛联系到移动公司，提出让他们送爱玛电动车。通过这样的方式，一个省会级城市一天能销售出几百台电动车。

中国移动的推广活动是把城市切分成不同区域，用地推的方式来销售套餐，而爱玛的推广活动，则是借助中国移动的地推来销售爱玛。在这里，中国移动的销售场景就是自己或者外包的地推组织，爱玛的销售场景则是中国移动。中国移动的推广形式是买套餐送爱玛，而爱玛的推广形式是搭着中国移动的套餐送爱玛。这就是营销推广活动的三角结构：场景、内容和形式。

笔记 15

营销推广的底层逻辑

在任何事情上，总有人比我们做得更好。

营销推广的场景特别多，形式特别多，内容也特别多，那该怎么做才能实现最佳效果呢？在我看来，推广效果的底层逻辑无非两个：一个是演绎法——基于人性和文化基因，直接推导出结论；另一个是归纳法——根据过去的推广经验和数据算法，不断测试和归纳，逐步提升推广效果。

演绎法的基础是基本的人性和根植于一个民族或者地方特性的文化基因，我们不必进行观察统计，就可以获得很多确定的结论。比如在抖音，你拍一个穿着性感、身材火辣的小姐姐作为视频的开头，就可以让大部分男性用户停下来观看。这就是基本人性，因为人类受多巴胺、内啡肽等多种激素的影响，所以联通开创了用小姐姐跳舞在抖音做推广的知名案例。人类喜欢萌萌的、可爱的东西，所以在抖音上，萌宠也是一类流量密码。

我们可以推导出来的用户感兴趣的原因，大概有四个层次。

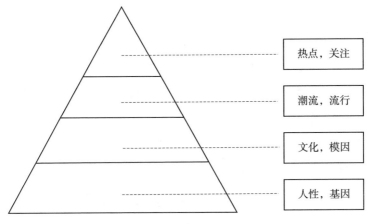

演绎法推导出的营销推广的底层逻辑

最底层是人性。

人性是由基因决定的。比如人大都是从众的，所以根据从众心理，就可以设计一个很好的推广活动。国内有一个著名的茶饮品牌，通过制造排长队的热点，让人产生了从众心理，加上人类的好奇心，让这个品牌迅速火遍全国。后来奶茶行业创造了一个专门的推销技巧，就是制造排队效应，让顾客看到这个品牌一开业就很火，就会形成一种从众效应。

再比如，大多数人是喜欢占便宜的，所以让顾客感觉占了便宜就是一种很好的推广策略。瑞幸咖啡从创立以来，就没有用正价卖过咖啡，它的咖啡都是打折卖的，这样买瑞幸的顾客都有一种占便宜的感觉，加上有星巴克的价格做对比，这种占便宜的感觉就更深了。

此外，人在接近目标的时候会更愿意坚持。一些线下店铺经常做积分卡，比如一杯奶茶积一颗星星，5 杯奶茶就可以免费获得一杯。一个顾客买了一杯奶茶，同时获得了一颗星星，那他还有 80% 的任务需要完成，这时候他很可能就会放弃。如果门店在设计星星积分卡的时候，设计 10 颗星星，在顾客买第一杯奶茶的时候直接给他画 6 颗星星，并告诉他今天店铺做活动，可以获得 6 倍积分。这里就使用了两个基本人性，一个是让他感觉占了便宜，另一个是让他感觉更接近目标了。其实同样是需要再买 4 杯奶茶，但这样的积分方式会让顾客觉得，自己只需再完成 40% 的积分就行了，所以他会更珍视也会更积极地去消费奶茶。

男人喜欢看美女，人喜欢占便宜，这是比较容易洞察的人性，但"接近目标"这种天性就是一种很难洞察的人性，这要么需要专门的心理学知识，要么是在大量的实践中摸索出来的。

第二个层次，也是比较固定的，是文化传统和风俗习惯。

每个国家、每个民族甚至每个特殊群体，都会形成某种固定的风俗、文化或者习惯，久而久之就形成了强大的行为习惯。比如每到春节，中国人就开始人类历史上最大规模的集体迁移，这就是春运。春节回家团圆，就是中国人上千年的文化传统，这基本不会改变。到了固定的情境或者时间，中国人就会有固定的反应，这就是文化传统和习俗。中秋的时候吃月饼，公交车上见到老弱病残要让座（很多国家就没有这个传统），喜欢讨口彩，过年说吉祥话，等等，都是中国人的行为习惯。我们顺应这种习惯，就可以获得更好的推广效果。比如超市在大的节日前就要备好货；在春节期间，视频内容围绕着阖家欢乐、亲子关系等家庭聚会的主题去拍摄，就更容易获得关注和点赞。

一个民族为什么会形成某种性格或者文化传统，这跟人的基因无关，与模仿律有关。法国传播学鼻祖加布里埃尔·塔尔德所著的《模仿律》揭示了一个规律：民族或者国家独有的传统和文化，不是靠基因传递，而是靠模因传递下去的。模因是文化传递的基本单位，它在诸如语言、观念、信仰、行为方式等文明传播更替过程中的地位，与基因在生物繁衍进化过程中的地位类似。模因的传递无法通过类似的基因编码传递，而是依靠模仿。儿童会模仿成人和整个社会的行为模式，社会习俗、文化、传统等就随着人类的模仿天性一代代向下传递。

模仿有几个基本规律。第一是从上到下，一般是下层模仿上层，从强势的一方向下流动。比如明星穿搭最容易被粉丝模仿。飞跃鞋的再次兴起就源于时尚之都巴黎对它的发掘，而巴黎人对飞跃鞋的崇拜源自中华武术高地少林寺僧人的练功鞋，有个酷爱中国武术的法国人发现了它。第二是几何扩散，一旦模仿开始会呈几何级扩散。秋天的第一杯奶茶，从一个小小的网络内容，突然之间就能火遍全网，很多人会在立秋那一天前后去喝奶茶。第三是先内后外，优先模仿本土文化和行为。我们总是说民族的基因是骨子里的，其实就是我们从小开始模仿本民族的行为和思考方式，外来文化就没有这么深刻的影响。比如东北人吃饭一定是某个人请客，上海人吃饭AA的就比较多，这种地区传统也会被下一代模仿并强化在内心深处。第四是文化影响优先于物质影响。如美国对其他国家的影响，先是文化，后是商品。认可了它的文化和思想，就会认可物质上的选择。

了解了文化传统、模因和模仿律，我们就可以根据这些来设计容易传播的内容。为什么在短视频上明星带货效果特别好？也是因为模仿律，因为普通人会模仿上层人士、明星的穿搭吃喝，并产生购买行为。电商中，"×××明星同款"就是一个很好的转化关键词。

第三个层次是潮流和流行因素。

一个社会，在某个阶段总会流行某种东西，这个东西可能是物质方面的，也可能是精神方面的。流行的穿搭、流行的饮食方式，或者在某个阶段有热度的话题，比如大厂的"996"、"35 岁现象"、原生家庭和"裸辞"等。

这种潮流和流行的东西，通常比文化和传统持续时间要短得多，但在某个社会阶段，它们会相当流行，只要与这个流行或者潮流相关，就会获得更多关注和效果。

比如做短视频内容，今天，你的内容里只要包含了"35 岁求职""大厂裸辞""原生家庭""女性独立"等关键词，就会获得更多关注，因为这是以年为单位的社会热点。

第四个层次，也是时间长度最短的要素，就是热点。

在热点发生后，你的内容只要跟它有关，就会获得大量流量和关注。我写公众号也有这种感受，比如前一段时间"淄博烧烤"很火，我的文章标题里只要一出现"淄博烧烤"，浏览量就会比普通标题多一倍以上。因为公众就是喜欢看跟近期热点有关系的内容。做推广也可以结合短期热点来做，隅田川咖啡利用《余生，请多指教》这部剧的短期热点，就创造了 1 : 70 的超级 ROI（投入产出比）。

如果你的推送内容是短期的，我建议你可以结合近期热点；如果你的广告是长期的，比如你要写一句广告语，那就要基于基本的人性和文化传统，因为人性和文化传统是非常不容易改变的。

刚才说的这四个层次是基于演绎法推导出来的。

另一个做推广的底层逻辑基于归纳法。做营销推广，最后其实拼的是经验。一个熟练的新媒体投放专员，只要看一眼一个小红书博主的内容，就可以判断这个博主适不适合做自己公司产品的推广。什么原因呢？就是因为他做投放做多了，了解这个行业的规律。但是，规律是不能吃一辈子的，因为每个平台的规则都在时刻发生着变化，用户的使用习惯和偏好也在不断变化，所以好的推广一定是根据经验不断调整、不断试错的。

下面这幅图出自《最勾引顾客的招牌》一书，作者通过测试，发现在餐厅的指示海报上加一个箭头，就能把招揽到顾客的概率从20%提升到32%，这相当于把转化率提升了60%。但这个巨大的改善很难通过独立思考获得，所以做营销推广，首先要广泛学习各行各业的既有经验，避开前人踩过的坑，同时快速学习他人的经验。所以向先进的同行或者跨界的同行学习是一条捷径。

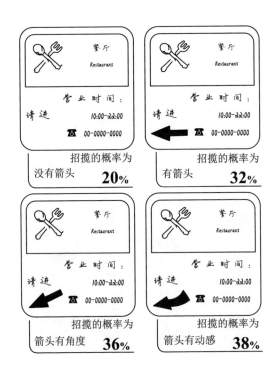

你要非常确定的一件事，就是在这个世界上，你做的任何工作总会有人比你做得更好，营销推广也是这样。只有认识到这一点，你才会不断努力改进自己的工作，而不要认为已经没什么可改善的了。任何工作都有改善的空间。

　　下面我举个例子。

　　有一次我去杭州，在地铁口遇到一只"小兔子公仔"在发传单。我看几乎所有的路人都接了他发的传单。我路过的时候，就问了他一个问题，我说这是你们公司做的公仔吗？他说不是，是自己在淘宝上定做的，他觉得自己穿着公仔发传单大家会比较容易接受。其实穿着公仔服发传单这件事早就有人做了。台湾地区的电通广告做过一个对比实验，就是实地拍摄穿工作服和穿公仔服发传单的效果，结果是穿公仔服发传单效果更佳。

乐纯酸奶的创始人刘丹尼曾经专门写过一篇讲如何地推发传单的文章（当时他还在大众点评工作），当时他们的地推居然可以达到22.3%的惊人转化率（我在本书最后的番外篇附上了刘丹尼的这篇文章）。

我们在帮客户做咨询的时候，一句喊宾话术、一张传单、一张菜单、一个包装内页，其实都可以找到提升的空间，而这恰恰是很多人做了很多年却一直没有认真思考过的问题。

比如，你真的思考过名片应该怎么设计吗？名片设计能不能做得更好？

有一年，我们公司打算做名片，我跟同事经过认真的思考和沟通，确定了名片的设计。但好像很少有人认真思考过为什么我们要做一张名片。

我们先要搞清楚名片的作用是什么。过去交换名片是为了让对方知道你是谁、你的职位是什么，以及联系方式，所以过去还有名片夹，在办公桌上有专门存放名片的格子，这样可以方便联络。

但是现在有了微信，名片的联络功能已经明显退化，更多的是见面时的一种介绍功能，比如不方便自夸是高级经理，用名片就可以。我们基本上可以确定，对方在接到你的名片后会礼貌性地保留一下，然后在出门时或者第二天就会丢掉。

那我们还需要名片吗？我认为依然需要。

首先是名片的介绍功能，比如你是政协委员，或者北大的客座教授，或者公司高级副总裁，这些名头如果别人没有介绍，你自己介绍又显得过于矫情，用一张名片就可以解决这个问题。

所以我跟同事说，把名字放大，因为对方首先要知道你是谁，所以我们公司设计名片，首先就是把名字放大。

小马宋
创始人

T / ▓▓▓▓▓▓▓▓
xms@xiaomasong.cn
小马宋战略营销咨询
北京市东城区箭厂胡同22号院110室

XIAOMASONG

我的名片（正面）

后来在对电话、地址等进行设计的时候，我们只写了公司所在创业园的地址，而没有写具体门牌号，为什么呢？因为我觉得99%的人不会保留名片，他要是来拜访，还是会在微信上问你的地址。那为什么要写地址呢？有两个原因，一个是告诉对方我们公司常驻城市是北京，另一个就是对方如果了解北京市行政区划，就会知道东城区是北京的中心区域，箭厂胡同更是在二环以内，这种地方写出来是不掉价的。

绝大部分名片会被丢掉，那怎么才能让人保留你的名片呢？我们决定在名片上印5万元的咨询代金券（100万元以上项目可使用）。这样带来的好处，一个是可以进行社交的破冰，因为对方拿到你的名片就有话题了，另一个是可以让别人愿意保留你的名片，甚至会拍照分享到朋友圈，这等于多做了一次传播。

我的名片（背面）

看到这里，你是不是相信了，任何事情，世界上总有人比你做得更好。

我在得到听过"黄碧云的小店创业课"，她说超市的堆头、毛巾的颜色、店内的氛围、打折的顺序等都有学问；在"跟邵慧宁学店铺销售"课程中，她说在服装店的经营中连怎么说"欢迎光临"都有优化空间，比如你的动作和姿势。在介绍日本一些店铺经营的图书中，作者讲了非常具体的经营细节，比如当店铺里没有客人的时候，营业员应该做什么才会让店铺显得不那么冷清。

这些都可以提升店铺的转化率。提升转化率是我们今天格外关注的话题，也是营销推广的核心。

笔记 16

设计推广的时候，你根本不知道
你的顾客在想什么

人和人观念的差别，比人和狗的差别都大。

推广活动应该是从顾客的角度去思考。但是人的通病就是总从自己的视角看问题，这样就会导致你做的推广顾客根本不关心，或者他们根本不理解。

我们在为北京知名快餐品牌南城香做咨询服务之前，南城香点餐吧台下面的广告位并没有被充分利用，于是我们就设计了南城香必吃榜，希望可以帮助消费者更快决策。我们选择了三款产品，并按照销

量排名分别标注了 TOP1、TOP2、TOP3。

但在设计落地后，我们进行了二次回访，发现很多南城香的消费者（老年人居多）并不认识 top 这个单词，我们自认为的常识在实际消费场景中竟毫无价值，于是我们将所有的英文全部改成了中文。这就是一个主观视角和顾客视角的典型案例，在这个具体案例中，我们所犯的错误叫作知识陷阱，就是你具备的知识并不是顾客具备的知识，不要把自己的认知强加到消费者身上。我们经常看到，在商场里有餐厅打出很大的广告条幅，上面写着"本楼 6F"，这种表达方式就是没有从顾客角度出发，因为很多顾客并不理解"6F"是什么意思。一个欧洲人心中的 6F 其实是我们通常说的 7 层，而一个不懂英文的顾客也不知道 6F 是什么意思，那你就不如写"6层"。

不仅在视觉设计和文案表达上要关注顾客视角，在写推广内容时，我们也要关注顾客真正关注的是什么，否则你写出来的内容就是自嗨。我们在服务客户小皮（有机婴童食品品牌）的时候，小皮推出了一款常温酸奶。当时大家在办公室里罗列了很多这个产品的卖点，包括欧洲进口、优质奶源、发酵工艺等。后来产品推出去之后，我们做市场走访，遇到一位金牌销售，我们问她："顾客来了你怎么介绍这个酸奶？"她说很简单啊，因为中国家长一般都怕孩子吃凉的肚子疼，我就说这个酸奶是常温的，专门给宝宝设计的，吃了不怕宝宝肚子凉。

你看，顾客的关注点跟我们的想象很不一样。坚持从顾客的视角去看问题、去做推广才是成功的关键。所以我们在做咨询时始终强调，要到现场去，要跟顾客在一起，去观察顾客的真实行为，你才能获得第一手资料和真实答案。遇见小面是一个主做重庆小面的快餐品牌，我们在服务遇见小面的时候，同事去门店观察蹲守，看销售现场发生了什么。当时遇见小面门口都有门迎，顾客走近的时候他们会喊一句口号，过去是这么喊的："不在重庆，遇见小面。欢迎光临！"这句话写得很巧妙，不过收效甚微，因为顾客走在商场里，他们只是想吃一顿午饭或者晚饭，他们的关注点不是这个。他们关注什么呢？我们发现顾客走到门口时提得最多的一个问题是："你们有没有不辣的？"因为小面是重庆小吃，很多没吃过小面的顾客以为小面都是辣的。假设今天有三个顾客一起来吃午饭，如果其中有一个不吃辣，而且他恰好不了解遇见小面，那他们有可能就不进来了，这样你就同时丢掉了三个顾客。

我们在现场观察的时候发现了这个问题，然后就建议他们把门迎的喊宾口号改成了"辣不辣都有，辣不辣都香"。并且我们在遇见小面门口设计了一个大菜单，上面明确地标示出"辣"和"不辣"的品类。这样就解决了顾客的疑虑，他们不用问就可以直接进店了。

说到这里，还有一些很独特的顾客需求。

卧龙锅巴是一个著名锅巴品牌，总部在湖北襄阳，据说历史上三顾茅庐的故事就发生在襄阳，襄阳市今天还有一个卧龙镇，这也是卧龙锅巴名字的来源。而卧龙锅巴也就顺势在自己的锅巴包装上写了诸葛亮的历史典故。这其实没什么问题，但当卧龙锅巴铺货到河南南阳的时候，却遭到了南阳本地顾客的集体反对，因为历史上诸葛亮出山前居住的地方究竟是在南阳还是在襄阳是有争议的，两个地方都说自己是诸葛亮故居所在地。南阳市人民当然不能接受这个品牌的宣传语，所以发起了集体抵制，后来卧龙锅巴只好暂时退出了南阳市场。

心理学上有个名词，叫观察者偏差，意思是很多人觉得别人都跟自己一样。这在心理学上又叫孕妇效应。怀孕过的女性可能有这个经验，在怀孕期间，你会发现大街上孕妇突然多了很多，而当你怀孕结束，大街上的孕妇突然一下子就消失了。

这种观察者偏差存在于各种场景，一个开宝马车的人会觉得马路上开宝马的人特别多；一个研究生毕业的人也觉得研究生特别多；一个平时吃饭不会看价格的老板，也认为别人会跟他一样不在乎价格；一个爱喝黑咖啡的人会认为中国人喜欢喝黑咖啡的人特别多。这种观察者偏差让我们失去了对顾客的共情能力，因为你以为顾客跟你是一样的。

我们在服务"鱼你在一起"（酸菜鱼品牌）的时候，最初我们建议它的菜单要整体降价3元左右，因为我们认为它当时的客单价偏高，但鱼你在一起的高层觉得顾客不会太在意这几元钱。

后来我们发现深圳有一家加盟店的生意很好，我们同事就去店里做调查，原来这家店的加盟者做了一个很简单的推广活动，就是每天推出一道八八折的特价酸菜鱼。鱼你在一起的一道酸菜鱼大概 30 元，八八折就是优惠 3 元多，结果这家店生意就特别好。我们同事当天还问过一个顾客，那个顾客说，他平时不吃辣的，但是因为今天这款辣的酸菜鱼是特价，所以他就点了这款辣的酸菜鱼。这个回答真实地说明，顾客对价格是多么敏感。但是对很多高层管理者而言，他们的收入太高了，对几元钱根本不在意，这就无法与顾客共情，做出顾客乐于参与的推广活动。

著名商业自媒体人沈帅波跟我说过一个数据，他说中国还有 6 亿人是不用洗发水洗头发的，而是用洗衣粉或者肥皂。不是他们不喜欢洗发水，是他们用不起洗发水，用海飞丝对他们来说就是消费升级。尽管我小时候也用洗衣粉洗过头，但我听到这个数字的时候依然很震惊，因为我不用洗衣粉洗头已经很多年了。

怎么才能克服这种观察者偏差呢？还是刚才说过的，要到消费者中去，观察他们的行为，真实地理解他们才行。一个做营销的人，如果每天只是坐在办公室里海阔天空地想，是不会有大成就的。

笔记 17

从顾客需求出发设计推广内容

这世界很美，而你，恰好有空。

顾客有需求，才会产生购买行为，也才会被打动。那么顾客有哪几种通用需求呢？百度公司前副总裁李靖（公众号"李叫兽"主理人）跟我讲过一个消费者的普遍需求模板，我根据自己的理解转述给大家，供大家在写推广内容时参考。

第一种需求：性能或者功能

有这样一类消费者，他们过去使用的产品无法满足他们想要的功能，或者性能上无法达到他们的需要，如果你提供给他们一个新功能或者更好的性能，那这类消费者就会购买。但前提是，这个功能应该是可以被描述的，如果这个功能不能被描述，那就只能通过别的方法来解决，比如试吃、试用、现场展示、顾客口碑等。

元气森林气泡水的"零糖零脂零卡"就是一个改进的性能，因为过去的消费者虽然想喝饮料却总担心饮料热量太高。

OPPO 曾经有个很著名的广告语"充电 5 分钟，通话两小时"，就是切中消费者尽快充电的需求。

推广中如果想通过性能和功能打动消费者，你就应该知道目标消费者存在一个什么样的很想完成的目标，但因为受到产品功能的限制，无法完成这一目标。

三胖蛋瓜子早期承诺吃到一个臭子赔一箱瓜子，因为过去的瓜子中很容易有臭子，而吃到臭子实在太影响心情了。

第二种需求：定制化或者个性化

有一类消费者的需求异质性较高或者比较喜欢专属的概念，这就给定制化产品提供了机会。在肆拾玖坊酱酒的销售板块中，到茅台镇定制客户专属的千斤坛酒是一个重要项目，每年贡献几亿元的销售额。这一坛专属的酱酒重达 1000 斤，售价几十万元，却有许多客户愿意购买。他们会帮客户把这个千斤坛保存在茅台镇，客户需要时，可以定制专属的带客户名字和企业 logo 的酒瓶，这就形成了非常大的差异化，顾客使用和宴请都有面子。

淘宝上就有许多风格很独特的设计师服装店，满足了顾客个性化需求，因为女孩子通常不喜欢撞衫，也喜欢形成自己独特的穿衣风格。

第三种需求：降低风险或者打消顾虑

有些消费者在消费某些产品的时候会担心一些问题，比如质量不好、售后问题、使用麻烦等。面对这类客户，你的推广就要提出一个降低风险的方案。比如小牛电动车发现，许多消费者会因为电动车被偷而苦恼，这就是一种使用风险。所以小牛在电动车上安装了定位装置，让消费者可以随时查看车子位置。它还推出了 300 多元的保险，丢车子可以全额赔付，这样就打消了消费者的顾虑。

著名美籍华人企业家谢家华创办了专卖鞋子的电商网站美捷步（Zappos），他发现很多客户网购鞋子的时候最大的顾虑是鞋子不合脚，所以这家电商平台每次会提供三双不同尺码的鞋子，客户收到货后可以试穿，留下合适的，免费退掉另外两双，这就打消了顾客的顾虑。

有的客户来小马宋洽谈咨询业务，他们也会有顾虑，比如咨询效果不好怎么办。我说这个好办，我们签的合同条款里写明，允许客户随时终止合同，这也是打消客户顾虑的一个方法。

第四种需求：获得优越感

一般来说，一张海报的主标题最好不要超过 8 个单词，因为平均而言，这是一个读者一眼扫过能理解的最大信息量。但对《经济学人》的读者来说，想必不是这样。

——《经济学人》杂志

有没有发现，《经济学人》让它的读者获得了一种智力上的优越感？利用顾客愿意获得优越感的需求，你可以塑造出一个具有优越感的品牌形象，从而让你的顾客买单。有时候，推广活动也是一种力量。

有些消费者使用某种产品或服务的目的，就是要塑造自己渴望的正面形象，这也是一种需求，品牌应该想办法利用。顾客愿意拍照并发朋友圈的产品，通常就属于这一类。

小米早期的广告"为发烧而生"，是让消费者炫耀自己是懂技术的发烧友，从而产生一种优越感。

保时捷汽车曾经有过一个广告口号：多数人知道，少数人了解。其实也是在偷偷地赞美客户，让客户产生优越感。

我们来看一下 B 站在 2020 年 5 月 3 日（"五四青年节"前夕）首播的形象广告片《后浪》的文案：

后浪

那些口口声声"一代不如一代"的人

应该看着你们

就像我一样

我看着你们，满怀羡慕

人类积攒了几千年的财富

所有的知识、见识、智慧和艺术

像是专门为你们准备的礼物

科技繁荣，文化繁茂，城市繁华

现代文明的成果，被层层打开

可以尽情地享用

……

我们这一代人的想象力不足以想象你们的未来

如果你们依然需要我们的祝福

那么 奔涌吧 后浪

我们在同一条奔涌的河流

这条宣传片的本质是在赞美 B 站的用户，从而让用户获得优越感和认同感。

第五种需求：更高端

市场上有一部分收入较高的消费者，因为市场供给的原因，他们只能和普通消费者一样消费低端品类。如果你率先推出了更高端的产品，就可以获得这部分消费者的青睐。

在喜茶出现之前，市场上的奶茶平均价格在 8 元左右，用的都是植脂末、水果罐头、果酱等原料。喜茶用新鲜水果代替了果酱和水果罐头，用牛奶代替了植脂末，当然价格也做到了一杯 30 元左右，却在好几年内火爆了整个中国茶饮市场，这就是没有满足的高端需求被满足了。

虽然喜茶没有重点宣传自己是更高端的茶饮，但它确实激发了要喝更高端奶茶的需求。

第六种需求：更好的使用体验

有些商品确实能解决顾客的问题，但体验感非常差，比如我们在《营销笔记》中提到过的虎油。虎油能解决跌打损伤的问题，但使用体验不佳，抹上去会流得到处都是，还有很大的味道。

过去女生的内衣都有钢圈，女生穿着其实是不舒服的。NEIWAI（内外）内衣去掉了钢圈，让内衣自然舒适，所以它的广告口号是"一切都好，自在内外"。

第七种需求：省去麻烦，增强便利性

消费者会面临这样的状态：既想做一件事，又觉得很麻烦。

如果你觉得帮消费者免除这个麻烦会有很大的竞争力，也能打动他们，那就可以这么宣传。比如从事商业工作的人，想学习商业知识，却又觉得读书很麻烦、学习很费劲，那有没有办法解决这个问题呢？得到推出的"刘润·五分钟商学院"只需要每天5分钟，就能给到你有用的商业知识，所以我给这门课程写过一句口号："每天5分钟，解决一个商业难题。"空刻意面说"只做妈妈不做饭"，也是满足了顾客的这种嫌麻烦的需求。

第八种需求：流行和新鲜感

有些消费者希望自己是一个时尚的人，或者希望尝试一些新奇的体验，那你就可以给他们这种感觉："这个东西很新奇（流行、酷），我想尝试一下。"

费大厨辣椒炒肉从长沙开始火爆，后来到上海开了第一家店，当时写的推广语就是：长沙辣椒炒肉排队王来到上海。苏阁鲜果茶在入驻新城市的时候，也会写"广州大众点评杨枝甘露第一名来到××"，顾客也会想尝一尝别的城市排名第一的杨枝甘露的味道。

喜之郎早年推出了"可以吸的果冻，喜之郎 CICI 果冻"，用的广告语就是"可以吸的果冻"。沪上阿姨在情人节的时候用奶茶杯装上一枝玫瑰销售，竟然引起抢购。农夫山泉"买一赠一"，买一瓶矿泉水送一瓶1毫升装的超小农夫山泉。它们都是用新奇感吸引顾客。

第九种需求：低价

智米科技的创始人苏峻博士曾经跟我聊起打造爆品的逻辑，除了产品的功能设计要超过消费者预期，产品的价格也要超过消费者预期，这是一个很简单却极其有效的武器。

顾客永远都有获得更便宜商品的需求。所以有大量的广告推广都是在讲自己便宜，当然有些说得没那么直接，比如网易严选说"好的生活，没那么贵"；肆拾玖坊在社群间介绍自己酱酒的时候就会说"茅台平替"。

几年前拼多多推出了"百亿补贴"，后来京东也推出了"百亿补贴"，其实都是在宣传自己便宜，价格更低。据 FT 中文网报道，2023 年二季度，肯德基的客单价同比下降了 5%，必胜客则下降了 11%。肯德基的管理层在电话会上指出，"疯狂星期四"活动带动周四销售额比其他工作日高出了 50%。

以上就是消费者通常有的几种需求，你在宣传推广的时候，可以根据不同情况来决定使用什么方向的需求并形成推广的内容。

笔记 18

影响消费者决策的 POM 模型

> 人是没有什么真正的自主意识的，我们的意识，都是与环境互相影响的产物。即使你是一名专业的营销从业者，你也会在明知对方套路的情况下，不由自主地购买。

我相信本书的读者读过很多营销理论或者方法，或者学习过许多不同平台不同渠道的运营和推广知识。如果你想学习，我认为你一辈子都不能穷尽营销推广的方法和知识点，因为实在是太多了。所以我们就需要有简洁的思维框架，这种思维框架可以让我们完整地思考营销活动的设计，不遗漏任何方面，还能延展出越来越多的方法和工具。虽然具体的方法和工具非常好用，比如我告诉你"遇见小面门口的菜单显著地区分辣和不辣，就能有效引导顾客进店"，这个方法对那些经营川菜、湘菜的同行可能有用，但是放到别的餐厅就没有用了。

所以你要掌握比这个方法更高一层的决策思路，那就是用顾客的视角思考问题。4P 理论就是一个大的框架，这个框架让企业开展营销活动的时候能够算无遗策，不遗漏任何重要的部分。具体到推广这一部分，我希望也能提供给你一些框架，以方便我们做出决策和产生内容。

做推广其实要研究的是顾客的决策。顾客因为什么购买？《绝对价值》一书中提到了一个消费者决策模型，该书作者之一伊塔马尔·西蒙森是斯坦福大学商学院的市场营销学教授，是公认的世界上关于消费者决策的最权威的专家之一。

到底什么影响了消费者的选择？西蒙森提出了一个几乎是最全，也是最简单的消费者决策模型，叫作 POM 模型。这个模型关注的是，消费者做选择的时候到底受到了哪些影响。一般来说，消费者在做选择的时候，只受到三种力量的影响。

第一种力量来自消费者自己（personal），或者叫作个人偏好。比如消费者喝茶，他喜欢红茶还是绿茶，是白茶还是普洱，他有自己的口味偏好和判断，通常很难受到广告的影响。

第二种力量来自品牌方的传播（marketing），品牌的营销推广活动对消费者有重要影响。比如隅田川挂耳咖啡请肖战代言的官宣当天，隅田川天猫店就增加了上千万元的销售额；瑞幸咖啡与椰树牌在推出联名产品的时候，各个门店的联名产品也被抢空了。

第三种力量来自第三方，也就是他人（others）。在实际购买中，顾客会听信身边朋友、网络上的专家、信任的 KOL、评测机构等的意见，从而购买某些品牌或者型号的产品。甚至有一些了解我个人的公众号订阅者，他们会因为某个品牌跟小马宋签了咨询合作协议而去购买这个品牌的产品，因为他们觉得小马宋服务的都是比较正规的品牌。

这就是消费者产生购买行为背后的三种力量，这三种力量包含了影响消费者的所有要素。但并不是说消费者就会固定地受到某种力量的影响，而是这三种力量的动态组合。不同力量在不同领域的影响力也不一样，不是所有领域都是平均分配的。商品不同，消费者群体不同，他们受到的影响也不同。我们做营销推广的时候，就要具体分析目标消费群体更容易受哪种力量的影响，从而决定我们要在哪些方面重点发力。

一些营销人员会死板地套用某个方法，结果发现在一个地方好用的方法在另一个地方反倒不起作用了。有些行为会受到从众心理的影响，比如吃药，你朋友家的孩子吃了一种感冒药，感冒很快就好了，你可能也会让孩子吃这种感冒药。但手机壳的购买就不是，一家公司里，不可能所有的同事都用同样的手机壳，他们甚至会刻意使用不同的手机壳，所以这个时候手机壳的购买行为就不容易受他人的影响，而是会受到自己偏好的影响。消费者去买一杯奶茶，商家海报上写着"镇店之宝杨枝甘露"，那他很容易就愿意尝试一杯，因为初次购买或者在大街上随机选择奶茶的时候，消费者很容易受到品牌方广告的影响，但在复购或者点外卖的时候，消费者又更多地从自己的偏好出发来选购。

通常，"市场力量"影响大的行业，比较容易出现大品牌，比如饮料或者零食行业；而"个人偏好"影响较大的行业，不容易出现大品牌，因为这些行业做营销推广的回报没有那么高，很难做出大品牌，比如大米、食盐、水果、茶叶等领域。

下面我们来逐个分析这三种影响消费者决策的力量，看看它们的特性和品牌方的对策如何。

个人偏好的力量

个人偏好是由过去的经验和习惯养成的，这个很难通过一个广告就立刻扭转，但是通过长期的广告和营销推广也是有可能改变的。

受个人偏好影响比较大的行业通常是高度分散的，很难有像农夫山泉、海信电视、华为手机这种超大品牌出现。因为在这些领域，消费者更相信自己的偏好，做广告推广很难在短时间内（至少是10年）影响消费者的选择，因为投广告的效率太差，所以品牌方大都不愿意大规模投放广告。我曾经接到过一个大米客商的咨询，过去他们找了一个咨询公司给他们做定位，最后的广告语就是"×× 大米，销量遥遥领先"，然后要求他们大量投放广告，但是投放广告一年也没有什么作用。其实，大米就是一个很难受广告影响的产品，消费者通常根据自己的口味偏好和过去的购买习惯购买，广告很难在短时间内影响他们。我跟这个客户说，你们做大米，单纯投放广告是一个很差的经营策略，你们不能不分情形地去搞定位，这是一种简单盲目的营销思想。那这种困境该怎么破呢？下文我会详细阐述。

通常在什么领域，消费者更愿意听从自己的偏好？一是这个购买决策的重要程度很低。比如你今天去买大米，你买一斤装还是买五斤装，买什么牌子的大米，对你来说可以是很随意的决策，即使买错了对你也不会产生什么重大影响，这时候你不需要参考他人的意见。如果你去买一辆汽车，你就不会那么随意，因为买车是一个重大决策。我在买车的时候，就专门问了两个懂车的朋友，关于车的配置等做了详细的询问，还找他们跟我一起去 4S 店看车、提车。二是如果他人的经验没有太多借鉴意义，那消费者就会更多听自己的。三是消费者有明显的感官偏好，比如四川人爱吃辣，广东人喜欢煲汤，那你就很难通过营销来影响一个广东人去吃四川菜。

那遇到这种产品，营销推广效果不大，也很难靠口碑形成购买，我们该怎么办呢？

第一种方法就是在渠道上精耕细作，占领大部分可能的渠道。比如安井的主要产品是各种冷冻的丸子（鱼丸、虾丸、牛肉丸等），消费者在选购各类丸子的时候，其实并没有明显的品牌偏好。你也可以回忆在超市或者菜市场采购丸子的经历或者观察一下消费者，你或者他们是不是并不关注哪个品牌？你的购买很随机，随手拿一袋就好了。这时候，起决定作用的不是品牌，而是品牌的铺货量。你铺货越多，消费者拿起你的产品的概率就越大。安井这么多年深耕渠道，是这个领域最大的供应商，它的销量主要是靠渠道完成的，而不是品牌推广。当然，这类产品如果在包装设计、食用场景等环节强化自己的品牌名、品牌符号等，经过多年的沉淀，也能培养起一定的顾客购买习惯，甚至形成一定的顾客购买偏好。如果你的客户群体很大，也可以考虑利用私域的形式联系客户，这时候私域就是客户最容易接触到的销售渠道。这样你就可以通过渠道的力量带动销售，而不是靠品牌的指名购买带动消费者的购买行为。

第二种方法是做渠道品牌，而不是做商品品牌。消费者在购买时没有明确的品牌偏好，却有明确的渠道偏好，这就是渠道商建设品牌的机会。比如家具领域，顾客的购买受品牌的影响虽然不是很大，但他们会优先考虑去哪里购买，如居然之家、红星美凯龙等家具大卖场。宜家家具本质上也是一个渠道品牌，因为它的形式是一个大卖场。虽然蔬菜、水果、海鲜等产品没有什么大品牌，却有像百果园、盒马鲜生等渠道型品牌。

第三种方法是改变品类的定位。早年雀巢咖啡来到中国的时候，大部分中国人对咖啡并不感兴趣，中国人爱喝茶，喝不惯咖啡。在当时的市场条件下，消费者在咖啡这个品类上受过去的个人偏好影响很大，所以雀巢很难通过第三方推荐或者品牌营销打开市场。如果以咖啡这个品类来销售雀巢，在当时的中国基本没有机会。所以雀巢咖啡早期在中国的市场策略，是把咖啡当作一种高档礼品来销售。礼品行业很容易受到卖家的影响，卖家说它高档、流行、适合送礼，消费者就会产生购买行为。

香氛这个领域也很有意思。日常的香氛，消费者其实主要受个人使用习惯和偏好的影响，这时，谁的渠道能力强，谁的销量就大。所以在线下渠道，香氛销量最大的是名创优品。而在线上，香氛销量最大的品牌是尹谜。消费者在消费香氛的时候，主要是对包装的瓶形和气味有个人的审美和偏好，至于什么牌子，对他们来说影响不大。但是，如果你能提供购买的便利性，消费者可能就会优先选择你，所以名创优品得益于线下渠道多，尹谜则得益于擅长线上推广。因为影响消费者线上购买的主要是平台的推送和搜索，那越擅长电商运营就越容易被消费者选购到。

你可能会问，那祖玛珑为什么能成为很好的香氛品牌？还有国内近几年比较火的观夏，为什么也能成为很好的品牌？

其实祖玛珑香氛可以归类为时尚产品，时尚受推广活动的影响很大。个人偏好是很难改变时尚潮流的，你喜欢国风的服饰，但你不能阻止阔腿裤的流行，也不能阻止飞跃鞋再次在中国流行，因为流行和时尚是由权威机构和传播来定义的，你无权定义它，你要想追随时尚，就要遵从它。

至于东方文化香氛品牌观夏，恰好在我们公司附近有一家门店，我同事曾多次购买观夏的产品送人。你看，其实观夏打造的是一个礼品品牌，它被归类到礼物这个品类里了。

主食类产品，比如大米、馒头、挂面等，其实也很难有大品牌，因为它们受顾客偏好很明显，但巴比馒头就有1000多家加盟店，因为它把自己做成了渠道品牌，在线下零售。挂面里的大品牌很少，但方便面的品牌就很大，比如康师傅、统一等，因为挂面是主食，方便面则是快消品，快消品很容易受到营销驱动，它们是不同的类别。

受个人偏好影响购买决策的产品，通常都是处在一个分散型市场上，是很难出大品牌的，但好处是，由于没有巨头的竞争，进入比较容易。你如果在创业，就要想清楚要不要进入这种很难建立品牌的区域，不要以为自己跟别人不一样，习惯的力量是非常强大的。

营销的力量

这里所说的营销的力量，主要是指营销推广活动，也就是狭义上我们理解的营销。消费者有时候会受到品牌方宣传的影响，比如他们购买时会看重品牌形象；也很容易受到广告的影响，包括跨界、联名等推广活动。大部分的时尚品、服装品牌、快消品，就是在电视上投放广告最多的品类，顾客受其营销的影响很大。比如宝洁、联合利华、可口可乐、耐克、康师傅、伊利等。

对于这些产品，消费者通常没有建立起非常明确的个人偏好，但又很注重这些产品的品牌形象，比如你穿什么牌子的运动服，就代表了你的品位和档次，你就会很在意运动服的品牌。而且这些品类，第三方参考意见和外部信息对你的影响也比较低。比如你要尝试一下可口可乐出的新品怎么样，你不会去咨询别人，因为便宜，尝一尝，不好喝也没关系。

第三方的力量

其实不同的时代，消费者的消费决策受到的影响也是不同的，因为消费者所处的传播环境不同了。比如在电视时代，那时候还没有互联网（或者刚刚起步），就那么几个大媒体，随便哪个品牌，只要在电视台一做广告，就能影响几千万甚至几亿人。消费者天天被广告轰炸，即使不太容易受品牌广告影响的产品，因为广告效率高，也能影响人的决策。一个力量只要做到极致，总会产生作用的。电视时代因为广告效率高，所以就有很多品牌和品类能通过广告来影响消费者。比如早年央视就有很多防盗门的广告，那时候广告最多的品牌叫盼盼，因为广告效率足够高，所以盼盼成为当时最知名的防盗门品牌。我们说大米不容易受营销的影响，但是如果有一个大米品牌的广告费用是无限的，它在所有能见到的媒体都投放广告，那消费者会不会受到广告的影响？肯定会的。但问题是，你投广告的费用够不够你在市场上获得的回报。通常大米这个品类的利润很低，所以很少会有商家去投大米的广告。在电视广告时代，有许多品牌都在投放广告，但是今天它们基本不再投放了，为什么呢？因为今天再投放广告，成本太高，回报不足，那就没有意义了。比如喜之郎果冻，早年就有大量的电视广告，现在已经看不到了。

在互联网时代，尤其是5G移动通信技术的普及，消费者在选购商品的时候会更多地受到第三方力量的影响。《绝对价值》一书把消费者的用后评价称为绝对价值，顾客看消费者的用后评价，就相当于在了解这个商品的绝对价值。今天的消费者要选择一家餐馆，可能要去大众点评看一看别人的评价；买护肤品，可能会去小红书看看小红书笔记；买车，也会去网上看看专业博主的评测。因为随着媒体的发展，消费者现在很容易就能获得这些评价和推荐。

当然你要明白，这些评价和推荐中有很多是商家自己做的广告推送，只是伪装成了小红书笔记的样子或者是在博主那里买了广告。不过了解真相的消费者并不多，他们依然会把自己关注的博主当作一个可靠的信息来源。我们说消费者的决策受到第三方力量的影响，还是要从消费者的角度看，而不是从行内人的视角看，行内人可能一眼就能看出那篇笔记只是一个广告而已。

李靖曾经跟我讲过他遇到的一个真实案例。有一个做民宿平台的公司，找了很多大V发了很多广告，这些广告虽然有几十万的阅读量，但其实没有多少转化。后来其中有个旅行类的大V，把他住民宿的照片转发到了朋友圈，说上次去住了这个民宿，感觉还不错。他的朋友圈有几千人，但这一条朋友圈的效果却比那几十万的阅读量都要好得多。那为什么广告效果差，而一条朋友圈的广告效果却很好呢？因为选民宿这个决策相对来说比较重要。如果一个人从来没有住过某个民宿，他会很担心服务和住宿体验，那就不如住五星级酒店，因为五星级酒店的服务还是有保证的。所以他不愿意相信一个单纯的广告。但如果是朋友圈里有人发民宿信息，其可信度会高很多，他愿意相信朋友，至少是他知道或者认识的人的推荐的。

由于第三方力量的增强，消费者获取第三方信息也就更加容易。在广告力量和个人偏好力量不变的情况下，第三方力量的增强意味着广告的力量在相对减弱。前几年有个非常有影响力的研究，美国有一个点评网站叫 Yelp（类似于大众点评），它做了一个数据调查，发现在 Yelp 越火的地方，连锁餐厅的生意越差。为什么呢？因为连锁餐厅本质上卖的是它品牌的可信度，品牌越大可信度就越高。过去你去一个陌生的地方，或者没有什么选择的时候，就会倾向于选择肯德基，因为选肯德基没错，肯德基的质量、口味、卫生和服务等都是标准化的，不会有太大差别，别的餐厅就不行。但点评应用解决了这个不信任的问题，顾客的评价会让你避过很多坑。

那么，当顾客越来越受到第三方力量影响的时候，一个品牌的推广就无事可做了吗？其实也不是，正相反，需要做的事情更多了。

20 年前，做营销要简单得多，你只要有胆量、有信心花钱投广告，同时组织能力也不错，效果就不会太差。但是今天只投传统广告已经没有用了，你要做的投放不是大规模砸钱，而是在传统广告之外，还要加上"种草"、评测、笔记这些方式。过去你可能一个广告合同就能花掉几千万元的广告费，但今天你要一个一个筛选达人，一个博主一个博主对接，1000 万元的推广费可能需要一年，对接了 1000 个博主才花完。花了广告费，你还要统计哪个博主的推广效果更好，哪一类的内容回报率更高，然后进一步优化并继续投放。所谓的高于同行的 ROI，其实都是花钱不断测试出来的结果。所以今天的市场部比过去难做了，因为工作量大了很多。

你也可以考虑，消费者为什么不相信品牌广告，而是更相信第三方力量？有一部分原因是这个购买决策很重要。很多产品的好坏是后验性的，无法提前使用或者体验，也无法提前验证质量，消费者怕上当或者买错了。那你需要做的就是降低消费者的风险，降低消费者购买的门槛。比如小马宋营销咨询的最低合作价是 160 万元（每年都会涨价），这对许多企业来说是挺大的一笔开销，但我们还有一个 3 万元的见面咨询服务，这就降低了客户尝试的门槛，让客户先体验一次咨询服务，也方便客户提前对我们的咨询质量做出判断。

笔记 19

做广告为什么有效？

广告是广场求婚，精准投放是卧室示爱。

——江南春

企业在做营销的时候离不开广告，但是很多人可能从来没有想过，做广告为什么会有效。现在电商渠道投放的效果广告最为直接有效，因为它可以通过用户观看广告后直接点击产生交易行为。可是，有些传统广告，比如你在机场附近看到的那种户外大广告牌，经常只有一个品牌名称，有时候甚至连产品图都没有，这种广告为什么会有效呢？

我先讲一个现象，可能有助于你理解这个问题。

当你去超市里买洗发液的时候，你会不会先看它的品牌？然后你就会判断，这个牌子听说过，那个牌子好像没听说过。那么，你所谓的"听说过"指的是什么呢？

也许你真的听朋友说过这个牌子，但大部分情况下，你所谓的"听说过"其实就是你看过它的广告。甚至有时候，我们会突然意识到一个问题：好像好久没看到这个牌子做广告了，这个牌子是不是不行了？

所以，先不管一个品牌的广告究竟说了什么，只要它在做广告，只要广告出现了这个品牌的名字，那这个广告在理论上来说就是有效的。这其实是一个心理学效应，叫作多看效应。所谓多看效应，就是说一个东西、品牌或者一个人，你看得越多就会觉得"TA"越好。你生活中是不是也有这样的经验：某个新同事刚来的时候，感觉长相很普通，可是过几个月就会发现这个同事变好看了。这就是多看效应在起作用。

同样，只要品牌做的这个广告你不讨厌，你看得多了，就会觉得这个品牌还不错，在选择商品时就会倾向于选择这个常见品牌。

因为多看效应，我们在衡量一个品牌价值的时候，最重要的就是关注它的知名度。品牌的知名度是所有品牌衡量指标的基础，没有知名度，就谈不上品牌美誉度、忠诚度等其他指标。

判断品牌知名度有三个指标。

第一个指标叫作品牌再认率。品牌再认率就是在向消费者展示某个品牌或者产品时，消费者能辨认出这个品牌的能力和程度。这种场景就像顾客在逛超市，当看到一个产品时，他可以立刻知道"自己听说过这个牌子"。只要顾客意识到自己听说过这个牌子，他对这个牌子的信任度就会自然产生，顾客选择这个产品的概率就会增加。

品牌再认率相当于"有提示提及率"，这是另一个衡量品牌知名度的指标。比如你问一个顾客，请问你有没有听说过元气森林？在你提示了品牌名称后，顾客如果回答听说过，就是有提示提及。这就相当于在超市里看到一瓶元气森林气泡水时，他知道这个牌子。但略有差异的是，有可能有些顾客只认识元气森林瓶子上那个手写体"氘"字，他甚至喝过这个气泡水，但就是不知道它叫元气森林，这种情况也算"品牌再认"。

第二个指标叫作品牌再现率。品牌再现率就是当顾客产生某种需求或者想要消费时想到的品牌。按照我的理解，品牌再现和品牌再认的不同之处在于，品牌再认是看到具体的商品后"认出"这个品牌；品牌再现，是顾客头脑中直接能浮现出这个品牌。

比如，当你走在大街上感觉口渴的时候，你的脑子里可能浮现出农夫山泉，也可能浮现出古茗奶茶，或者浮现出某个冰激凌品牌，这就是品牌再现。再比如，你在电商平台上想要买一台计算机，你直接能打出品牌的名字，这叫品牌再现。这么说来，品牌再认其实比较容易，品牌再现的难度就更高一点。但品牌再现和品牌再认本质上是和具体的购买场景相关的，也能在模拟情境中测试出来。

品牌再现相当于"无提示提及率"。比如你问顾客，你知道的生日蛋糕品牌有哪些？顾客罗列出来的就是无提示提及的品牌，也就是品牌再现。

第三个指标叫作无提示第一提及率。

顾名思义，无提示第一提及就是当一个顾客被问到知道某个品类哪些品牌的时候，他提到的第一个品牌。无提示第一提及率就是品牌首次被提及的比率。

比如你问 100 个人，你第一个想到的饮料品牌是哪个，可能 80% 的人会说是可口可乐，那可口可乐的无提示第一提及率就是 80%。

今天，精准广告投放已经被许多人接受，而且也实现了很好的回报，人们似乎觉得传统广告没意思了。其实这种想法是有问题的。

你可能会发现一个现象，某个领域有个线上品牌，销量已达数亿元甚至十几亿元，可依然默默无闻，依然是一个没有什么知名度的品牌。为什么呢？就是因为它的成交都是源于广告的精准投放，也就是说它是默默成交的。

从某种角度来说，这样的成交模式挺好，因为它的广告确实精准。但问题是，几年之后，它仍然需要靠精准投放广告来获得客户，客户的主动搜索很少，最终的情况就是：没有广告就没有销量。这是怎么回事呢？恰恰是因为没有"广"告。它的广告投放过于精准了，只有少数成交的客户知道这个品牌，知名度太低，导致永远都要靠精准广告生存下去。想想这也挺恐怖的。我确实遇到过一个这样的品牌，它的老板每年投放 2 亿元左右做推广，然后在私域成交，虽然有利润，但是不多。品牌做了十多年，一直存在，也一直在花广告费，但品牌就是没有知名度。

品牌在预算有限的情况下，当然应该优先精准投放广告来实现高效、低成本的成交，毕竟传统的广告在短期看来是挺浪费的。但有一定实力之后，我的建议是一定要做传统广告，而不是精准广告。因为传统广告会扩大你的知名度，让更多的人知道这个牌子。未来顾客在需要你的时候才会想到你，才会搜索你并产生购买行为。

精准投放的流量广告不是不能做，而是要兼顾品牌知名度的建设。

以小马宋为例。在公司成立的前五年，我们公司的宣传主要就是我个人的微信公众号"小马宋"。尤其是在我们发布了一个过去的客户案例文章之后，往往会有几十个潜在客户加我们的微信。对公司来说，"小马宋"这个公众号发布的文章就类似于精准的流量广告，因为关注我公众号的人大部分是营销领域的从业者，以及品牌公司的高层或者老板。

如果我们还想获得更多客户，其实也可以把公司的案例复盘文章投放到相对精准的公众号上去，这些公众号的投放也会给我们带来一些新的客户。

我在前文讲过，我们公司并没有大规模投放广告，不过一些小的投放还是有的。从2020年开始，我们公司与路铁传媒合作，在上海虹桥高铁站投放了公司的广告，这可以称为我们公司的知名度广告。虽然虹桥高铁站的商务人群相对比较多，但它肯定是"不精准"的，看到我们公司广告牌的客流中，至少99%不是我们的目标客户。你想想看，虹桥高铁站一年3000万以上的客流，如果有20%看过我们的广告，那就是600万人，如果这600万人中有1%是我们的目标客户，那就有6万人。可是，我们公司一年也就服务20多个客户而已，所以我说99%的人不是我们的目标客户。

但我们为什么要投放广告呢？很简单，因为让公司的知名度持续提升是我们的目标。

假设一年有600万人看过我们的广告，虽然他们不是我们的精准客户，但不能排除其中有些人将来可能成为我们的目标客户（例如一个刚毕业的市场营销人员，他10年后就可能是一名知名品牌的市场负责人），当他们想找一家营销咨询公司的时候，他们就有可能想起小马宋，或者在选择咨询公司的时候，会把小马宋列入他们的选择清单中，抑或当他咨询朋友有没有值得推荐的公司时，朋友也可能想起在哪里看过小马宋的广告，然后向他推荐小马宋。当他们面临选择哪个咨询公司的时候，这个在高铁站见过的咨询公司可能会优先进入他们的决策清单。这就是我们公司在品牌知名度方面的努力。

所以当有人问我"你们投放的广告是否有用"的时候，我会告诉他，我投放广告在那里，并不关心有没有用，我不关心这一两年甚至三五年是不是有回报，只要有人看到这个广告，我觉得就够了。

　　那么有没有人注意到我们的广告呢？当然有。因为自从我们的广告在虹桥高铁站候车大厅发布出去，就不断有朋友拍照并发给我，说我看到你们的广告了。

　　打一个不恰当的比喻，如果你在屋子里发现了一只蟑螂，那就证明这个屋里会有很多只蟑螂。同样，如果有人拍照发给你，那就说明有很多人看到这个广告了。

　　不过有些品牌并不适合投广告，这个要根据行业情况和品牌具体情况来定，我们下文还会聊到这个话题，这一篇就不展开讲了。

笔记 20

广告的四种作用

任何行为，皆有目的。

广告，是各种推广活动中最熟悉、最常见的一种。

《大辞海·经济卷》对广告的定义是这样的：为某种特定的需要，通过一定形式的媒体，公开而广泛地向公众传递信息的宣传手段。通常指商品经营者或者服务提供者承担费用，通过一定媒介和形式直接或者间接地介绍自己所推销的商品或者所提供的服务的商业广告。

虽然广告的作用正在日益下降，但广告依然是目前品牌方最重要的推广方式之一。品牌方打一个广告，通常有四种作用：匹配用户需求，塑造品牌形象，激发或提示顾客消费，释放所需信号。

匹配用户需求

用户有很多种不同的需求，饿了就要吃饭，馋了就要解馋，无聊了就要消磨时间，渴望远方就要去旅游，不想变老就要护肤，想变美就要整形，蚊子多了要驱蚊，胃酸了要吃胃药，通勤需要开车，露营需要帐篷，参加晚宴需要礼服，想交朋友就需要社交，想凑热闹就要去酒吧放肆，想得到尊重就要标明身份地位，等等。

广告的作用之一就是匹配用户的各种需求，这是一个最容易理解的逻辑。广告本质上就是为顾客提供的一种信息服务，顾客有一些需求，但他们有时候不知道在哪里解决这种需求，有时候甚至没有意识到这种需求的存在，广告就是把他们需要的信息发送给他们，是商家向顾客提供的一种信息服务。

我们过去经常看到胃药广告，第一个画面出来就是有个人捂着肚子，画外音就会说："胃胀，胃痛，胃反酸……"这个画面和广告文案其实就是在匹配顾客的需求。如果顾客存在胃胀、胃痛、胃反酸的症状，他们就会停止换台，去关注你提供的相关信息。

网络广告也是一样的，我有一次在某新闻应用看到一则广告，广告直观地表现了掏耳朵的画面。那是一个可视掏耳勺，因为我平时喜欢掏耳朵，所以立刻就下单购买了。这个广告信息就很匹配我的个人需求。

很多城市的家政、清洁、保姆、开锁等服务公司，都会在居民楼的楼道里贴那种膏药广告，这也是一种对用户需求的匹配，尽管这样的膏药广告很令人讨厌，但一旦顾客有这种需求，它们却是最直接有效的信息服务。尤其是在移动网络不发达的年代，你忘了带钥匙，或者门锁打不开了，那墙上那些开锁公司的电话，对你来说就是很好的信息。

塑造品牌形象

广告还有一个作用，就是塑造产品功能之外的精神属性，也就是品牌形象。

有不少知名品牌，经常在广告中阐述自己的品牌精神，这些精神包括各种各样的价值观、世界观、人生观。越是大众的品牌，它们的价值观就越普世、越正向、越积极。这些不断被强调的品牌精神，同时代表了某些圈层、理念、趣味、性格、品位等，所以这样的品牌会成为一种象征符号。小众品牌通常会宣扬一种独特的价值观，比如叛逆、反抗等。

比如耐克会宣扬拼搏、奋斗的个人精神，百事可乐会讲年轻人的生活要酷一点。当顾客认同这种品牌精神的时候，就会更倾向于购买这种品牌的产品。顾客在使用产品的时候，会受到这种精神的鼓舞，更重要的是，由于全社会对这种品牌的符号象征形成了共识，他们看到这个品牌符号的时候也会认同这种象征。

我们实际上生活在一个符号构成的世界。品牌符号是一种特别的意义符号，它们由品牌企业设计并维护，通过品牌的传播，最终成为全社会或者部分群体中约定俗成的意义符号，从而让顾客能识别，能体会，能利用它的意义。

一个穿露露柠檬瑜伽裤的女生，一个骑哈雷摩托的机车爱好者，一个在诚品书店读书喝咖啡的文艺青年，一个佩戴劳力士 1955 "百事可乐圈"[①] 手表的男士，都会给人传递某种品牌精神或者信号，这是这些品牌长期塑造出来的独特精神和符号化象征。

很多时候，顾客购买某个品牌产品其实就是单纯地想购买它的 logo，因为它代表的无形精神非常独特，而这恰好是顾客想要表达的。

---

① 劳力士 1955 年推出的格林尼治型 II 系列 126710 红蓝配色多时区手表，因为配色与百事可乐 logo 相同，被称为"百事可乐圈"。

那么，塑造品牌形象能促进商品的销售吗？当然可以。这样它就能召唤全世界志同道合的顾客来到它的专卖店，在它的货架前逗留，在它的直播间里更快地下单。

激发或提示顾客消费

有时候顾客早就知道你这个品牌了，但是他们就是没有想起你来，如果你不提示，他们就不消费。所以广告还有一个很大的作用，就是激发或提示顾客消费。

比如暑假马上就要到了，父母们可能在规划带孩子去哪里玩。如果这时候他们突然看到了上海迪士尼的广告，可能马上就会决定今年暑假去迪士尼。有时候你可能在某个餐厅充值了，但是有一阵子忘了去消费，有一天你突然在抖音看到这个餐厅出新菜品了，那你可能会决定今晚马上去消费。

顾客生活中很多消费决定是偶发的和随机的，当他们看到你的广告的时候，就决定消费了；如果没有这个广告，他们要么没有消费的意愿，要么就去消费别家的产品了。

所以即使是世界上最知名的品牌，即便是可口可乐，也需要不断打广告。广告不能停，停了，顾客就把你忘了。

释放所需信号

广告还有一个作用，就是释放品牌想释放的信号。

其实人类的大部分行为都是在释放一些信号。一个在朋友圈晒自己做饭的女性，想要释放的信号是"我很贤惠""我很懂生活"；一个开着豪车、身穿正装、手提礼物去见未来岳父的准女婿，释放的信号是"我有经济实力，可以照顾好你女儿""我很懂事"；一个咨询公司的从业者发了一条朋友圈，说"签约了新客户"，释放的信号是我们有实力，我们公司经营得不错；广告也是一样，做广告本身也是在释放信号。

比如，我们常常在一、二线城市的高铁站看到大量的家具品牌广告，这些广告通常没有太大的区别，一般是找一个女明星代言，再放上品牌和家具的信息。看得多了，有时候你都分不清楚究竟是哪个品牌。

那么，这些家具品牌的广告，真的能促进家具的销售吗？能不能促进家具的销售，我们尚无证据，因为普通旅客一年也就乘坐一两次高铁，他们一年看一两次这样的广告，效果好不好也没有实验去证明。但这种广告还有一个更重要的作用，就是释放一种信号。

这种信号，是释放给这些家具品牌经销商看的。

在过去的 20 年，在中国家具市场上，大部分家具品牌要想获得销量增长，核心是要找到更多的经销商，经销商越多，品牌的销量就越高。其实购买家具的顾客很少有指定购买的家具品牌，他们的购买决策受到朋友推荐、设计师、装修公司等第三方力量的影响；还有很大可能是在家具城里随机逛，哪家的销售能力强，就买了哪家的品牌。所以一个家具品牌的经销商越多，它成交的可能性就越大，成交量也就越高。

一个品牌想要增加经销商，就要给经销商信心。打广告，就是释放一种信号，表示自己很有实力，会有很多的广告支持经销商做销售。

那广告通常会释放哪几种信号呢？通常有以下几种。

1. 信任与实力信号

我公开打广告，表示我很讲信用，所以你可以相信我。但是，确实也有少数无良商家利用了顾客的这种信任，在权威媒体上打广告"割韭菜"。早年这种事层出不穷，不过随着监管越来越严格，这种现象已经没那么多了。

实力信号和信任信号的作用类似，都是让消费者觉得你有实力，从而产生信任，才会购买你的产品。

大部分广告都会强调自己的实力，比如"上市公司""畅销全球××国""销量全网第一""红点设计大奖"，等等。咨询公司打广告，常常会讲自己的知名客户和知名案例，因为知名客户就能证明你提供咨询的能力。

而广告数量和广告媒体本身就是这种信号的一种表达，投放广告数量越多，投放的广告位越高级，说明实力越强。

还有一种能力信号，我先举个例子。我在10年前办过一个文案培训班，当时为了推广这个培训班，我写过一系列广告文案，后来被总结成了"一个广告文案的自白"系列。当时有一篇自白，是怎么给猪饲料写出高大上的文案，我翻出了这一篇，大家可以感受一下。

> 我曾经是个文案，有一阵子我的客户都被一个概念传染了。
>
> 那个概念叫"高端大气"。
>
> 回头看，那是一个连猪饲料都追求高端大气的时代。
>
> 更可悲的是，我服务的客户的主打产品就是猪饲料：壮士牌猪饲料。
>
> 有一天，客户说要在文案里体现人文情怀：

它们终将为人类粉身碎骨
所以对它们要好一点

能不能来点贵族气息?

即使王者出巡
也无法让500位体重200公斤的壮士相随

给我们一个独特的观点吧!

不是所有的肥胖都令人讨厌

听起来很大气，但不知所云的：

影响那些影响世界的猪

可不可以体现我们的高贵品质？

10年来
您的猪壮了
我们的员工瘦了

给力一点的：

请参照动物园大象馆改造您的猪圈

写出点戏剧性好吗？

有点哲学味道的：

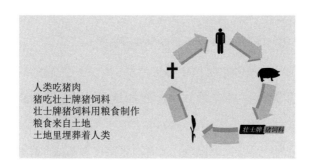

你知道，每一个广告文案都是在用"绳命"写作

现在，我已不在广告圈，但广告圈里也没有我的传说……

　　以上就是我当时写的猪饲料的文案。那么我问一个问题，这种猪饲料的文案真的能卖出猪饲料吗？肯定卖不出去，因为会买猪饲料的人也看不懂这种文案。可是为什么我还要写这种广告文案呢？因为我是教人写文案的，我必须在广告中传递一个信号：我有能力写出更好的、让人惊叹的文案。

所以这个猪饲料广告卖不卖货不重要，重要的是看这个文案培训班的潜在广告客户会不会觉得你的广告文案写得很牛，这也是一个能力信号的释放。

其实把广告拍得美轮美奂，找大牌导演执导、知名演员代言，都是释放能力信号的一种。

2. 热门或者流行信号

广告越多，顾客就会觉得你越抢手，也会觉得你的品牌现在很流行、很热门。只需要轻度决策的商品，需要一种流行或者热卖信号。比如一家奶茶店开业，经常会搞买一送一或者1元喝奶茶活动，这时候排队人数就特别多，排队人数越多，说明越热卖，顾客就会越愿意尝试，所以奶茶行业也有雇人排队的传统玩法。

请明星晒包或者拍明星在哪里消费，也是一种隐形的热门信号。看到的人会觉得，"哇，原来××也用这个牌子，看来真的很流行，我也要试试"。

对于时尚产品，比如服装，或者决策难度不高的产品，比如奶茶，制造流行或者热门的信号就很重要，顾客也很容易因此下单。

3. 决心或者保证信号

比如行业内两个或者几个巨头抢市场，大量的广告就会释放一种决心：你看我很有钱，你跟我耗不起，要不你别玩了，或者让我收购？

据36氪报道，在2023年6月5日门店突破万店时，瑞幸咖啡在全国门店推出了"万店同庆"的9.9元感恩回馈活动，引发了大量响应。瑞幸咖啡董事长兼 CEO 郭谨一表示，9.9 元活动将常态化进行，且"活动将至少持续两年"。不管是 9.9 元特价咖啡的广告，还是瑞幸董事长的表态，其实都是在释放一种决心的信号。

最近这两年奶茶行业竞争激烈，我经常会看到某奶茶品牌发一个广告，说提供 1 亿开店补贴，开启万店计划。这也是一种决心信号，它会给同行或者加盟者提供信心。

"无效退款""不满意退款""保修十年"等，则是一种保证信号。

4. 重视或者用心信号

我用广告来告诉你，这件事我很用心。在美国租车行业排名第二的安飞士租车就是这种做法，下面给你举其中一个例子。

广告标题：**当你仅处于第二位时，你只能加倍努力，否则……**

广告内文：小鱼不得不在所有时间里放弃休息，因为大鱼永远不会停止搜寻。安飞士知道所有小鱼的困境。当我们在租车行业中只占第二位时，如果我们不加倍努力就会被其他公司吞掉。在租出我们的车以前，我们总要检查每辆车的油箱是否加满，电池是否充足，还有雨刮。这样，我们租出去的每辆车都是充满活力、崭新的超级福特。因为我们不是大鱼，在我们的营业点上你永远不会受到任何怠慢，因为我们没有那么多的顾客。

当顾客购买一个服务或者一个产品的时候，如果他很关心你用不用心（比如儿童产品），那这种传递用心信号的广告就可能会打动他。

笔记 21

一个新品牌究竟是怎么从 0 到 1 进行推广的?

创业早期,钱贵人贱,那就堆人,大量投入人的精力去换取回报。企业做大了,人贵钱贱,那就堆钱,投入大量金钱去成事。

说到推广,大部分人首先想到的是广告。广告公司的工作包括创意广告内容,拍摄 TVC 或者宣传片,设计广告海报,设计广告投放方案,等等。但说实话,这些推广大部分是有钱有实力的品牌能做的事。它们本身就有成熟的品牌,有完善的市场营销体系,有大量的广告预算。像耐克、可口可乐、宝洁这样的公司,一条 TVC 的拍摄费用就可以达到几百万元到上千万元人民币,如果要请知名导演操刀,还要加上数百万元的导演费,再算上邀请明星代言的费用,一条 TVC 的基础费用可能就要千万元起步。拍完广告片,还要在线下线上做宣传,广告费就要以亿为单位来计算。2019 年,可口可乐全球全年的广告费用是 42.5 亿美元,这真是大手笔,但普通品牌是学不来的。

真实的商业世界中，99%的企业都是小企业，甚至都是起步两三年的小企业，它们不可能有那么多钱去投放广告。既然如此，一个企业或者一个品牌究竟应该怎么做推广才能逐渐发展壮大呢？

我查过很多案例书和理论书，对品牌如何从零做大说得都不是很明白，或者语焉不详地一带而过。这也符合现实，因为小公司长大的过程往往是看不见或者没人注意的，所以很少有人讲小企业该怎么做推广。有人可能会举出几个例子，你看某某品牌就是一举成名，它们通过投放啥啥广告做到的。这么看问题未免过于简单。问题是，绝大部分品牌就连早期投放的钱也没有。

当然，确实有些品牌从成立第一天起就高举高打，不过这是少数。我现在想说的是，那些没钱的企业怎么办？

我的回答是，没啥好办法，你最好接受企业只能慢慢长大甚至大部分企业都长不大或者死掉的现实。一夜成名的案例极少，你不要追求这个。有了这样的心态，你才能安静而坚定地去做一些事。

小企业能慢慢把一个品牌做起来，唯一的办法就是踏踏实实，小步快跑地去尝试、改进和发展，通过远超同行的努力和创新，不断提升企业的效率，降低企业的成本，这样才能在残酷的商业竞争中存活下去。你拼不动资本，你就拼工作时间和工作效率；你请不起优秀员工，就由创始团队主动学习和历练来完成企业发展中的各项任务。比如一家餐厅，过去可能靠线下发传单，靠不断积累忠实用户做大；现在它可能靠小成本地去投一些小红书或者大众点评、抖音的广告，不断调整选择有效的媒体和网红，积累自己的投放和推广经验，慢慢把餐厅做大。

推广动作做多了，你就会积累经验，就会知道什么媒体、哪个网红的回报率高，也会知道什么时间、什么内容更容易转化和传播。有了经验之后你就会有信心，通过不断尝试、改进，做到不断发展。当然你也可以一开始就找到一个懂行或者资深的推广专家，把尝试和改进的进程缩短，更快地进入发展轨道。

在企业初创期，你没有大把资金，就只好靠创新和时间、精力上的投入。有拈头成都市井火锅的创始人黄天勇跟我说过，他做有拈头火锅之初，发现抖音上有人把吃他的火锅的视频发布出来，他就一个一个找到这些发布者，感谢这些早期免费传播有拈头火锅的顾客，这为有拈头火锅早期的传播奠定了基础。这种做法就是在没有太多资金的时候，用早期团队的精力来换传播的效果。

没办法，要想做事，要么投人，要么投钱。创业早期钱贵人贱，那就靠人的时间和精力来换更多的推广效果；以后钱多了，人的时间贵了，那就用钱来换时间，用钱来做推广。

我说了这么多，其实跟没说一样，我最大的功劳可能在于能够消除许多创业者的焦虑。其实企业小的时候，大部分就只能慢慢做，积累经验；进入快车道以后，再找合适的媒体大力投放，快速推进。这才是商业世界的真相。

笔记 22

花小钱办大事——用创新实现低成本传播

> 整个城市有那么多家便利店，只有 7–11 的招牌侧面是带倒角能展示的，这就让从侧面路过的顾客，也能一眼就识别出这里有一家 7–11。

前面我讲过，做品牌推广，要么投人，要么投钱，没有别的办法。这就是竞争的本质，要想在竞争中获胜，要么在时间和精力上进行压倒性的投入，要么就是在金钱和资源上进行压倒性的投入。比如当年华为看到小米在手机市场上大获成功，所以决定正式入场做手机（之前只是给几个电信服务商做终端机），一起步就投入了 12000 人的研发队伍，研发人员是当时小米的 60 倍，这就是压倒性的资源投入。

其实还有一种方式，那就是通过创新来获得推广效果。当然创新本身就是深度思考的投入，你也可以认为这是一种时间和精力的投入。

我以前经常讲一个观点：在品牌传播上，不要指望花小钱办大事，不要指望一夜爆红。但是，有没有例外呢？尤其是当一个品牌处在初创期，没有太多资源和资本去做推广的时候，有没有办法让这个品牌或者公司获得更好的传播呢？

我的答案是，确实有，不过你不能走寻常路，你只能通过创新去获得低成本传播。这符合经济学家熊彼特的创新理论，即只有创新，才能获得高于同行的利润。在广告传播上，这个结论同样适用。

所有从事营销的人都会面临两个很残酷的现实：一个是你的品牌知名度永远都不够，所以像耐克、可口可乐那么知名的品牌依然需要持续做广告；二是你的市场费用永远都不够，这一点从事市场工作的朋友可能深有体会。即使宝洁、可口可乐这样的大品牌，它们的市场费用也是有限的，那些刚刚起步、收入不高，也没融到多少钱的企业，市场费用就更少了，所以这个时候你可以考虑如何去做低成本的传播。

严格来说，低成本传播不是一个方法，而是一种传播理念。那么如何做到低成本传播呢？下面我讲两个方法，一个方法叫公共资产私有化，另一个方法叫开发自媒体。

公共资产私有化

所谓公共资产私有化，就是很多媒体、很多产品、很多区域是为大众服务的，它的存在是向大众展示信息或者提供服务，如果你能把它转化成你的个人媒体，让它成为展示你私有品牌的地方，那我们就说你把公共资产私有化了。

公共资产私有化有两个关键步骤，第一步是你要找到这个公共资产，第二步是你要让这个公共资产成为媒体并为你服务，成为展示你的品牌的地方。

下面我主要以我的创业经历跟大家讲一讲。

2012 年，我和三个朋友一起创办了一个个人技能经验分享交易网站"第九课堂"，这个网站有点像今天的"在行"。因为我们也没拿到很多投资，所以初期宣传还是很谨慎的，能不花钱就不花。

没有钱，我们就要思考如何才能免费宣传第九课堂这个网站。最初我们想到了所有关注互联网创业的媒体，比如时至今日一直保持较高热度的 36 氪。当时我打听到 36 氪的主编每周会在固定时间到当时非常著名的创业咖啡馆"车库咖啡"去采访创业者，所以我在车库咖啡找到了他，然后我就把第九课堂的商业模式和目前的进展跟他讲了一遍。他对我讲的东西很感兴趣，很快就写了一篇创业报道，不过我们网站当时还在筹备中，只有一个"敬请期待"的页面。因为 36 氪的一篇报道，我们的网站来了大量访客，甚至我们的网站当天就被涌来的流量搞崩溃了。

为了不浪费这些访客流量，我们在"敬请期待"的页面上留下了第九课堂的官方微博，可以直接点击关注，这就为我们带来了第一批微博粉丝，当时大概有几千人吧。

找媒体报道其实是最普通的传播方式了，但如何能做到让它们免费报道，这才是你应关注的点。你只有讲出了媒体关心的内容，它们才会免费报道你。比如当时 36 氪的主编跟我聊了一个小时，他也没有特别感兴趣的点，因为我们网站还没开张，商业模式也是模仿了美国的一家网站。后来我就聊到，我们已经跟大约 200 个不同公司总监级别的人签了约，他们成为第一批在我们网站分享个人技能和经验的种子用户，他就觉得这很好，有能报道的点，可以写，所以就有了后来的那篇报道。

不仅 36 氪，其他媒体也一样，你只要找到媒体关注的方向，提供它们关注的内容就好了。当时有一本很有名的财经杂志叫《第一财经周刊》，我买了一本，发现这本杂志有个固定栏目叫"好想法"，专门报道好的商业模式和点子。后来我就按照杂志上留的编辑邮箱发了邮件，给他们讲述我们的新商业模式。《第一财经周刊》很快就派了一位记者联系采访我，并发了一篇报道。这篇报道的效果超出我的想象，因为在一年后我遇到一位用户，他从成都来北京出差，还专门到我们办公室来拜访并参加了一堂分享课。他说一年前看过《第一财经周刊》的报道，当时觉得这个模式非常好，但因为在成都没法来北京上课，所以趁出差就过来了。

当然这还是一种常规的公共资产私有化，还有一些可以利用的公共资产，你可能都没有意识到它实际上是可以作为私有资产使用的。我们刚开始创业的时候，办公室在建外SOHO，我每次从国贸地铁站出来看到地铁出口那里汹涌的人流，就在想怎么才能利用这么大的人流量。那时候还没有共享单车，很多人都骑自行车上下班，国贸地铁出口那里摆了很多自行车。我就想，这个地方可以作为一个宣传阵地，所以我们弄了一辆自行车，把后座改造一番，后座上放了一个很大的箱子，上面就印着我们的广告，长期停放在国贸地铁站出口。

你看，我们又一次把公共资产私有化了。

还有一些公共资产私有化的例子，我来说几个。

2013年7月，新浪微博推出了一个物联网产品"@海淀桥路况"。它当时是一个企业蓝V（企业认证）账户，这个账户每隔20分钟会自动发一条微博，每条微博会附带一张实时拍摄的北四环海淀桥附近路况的照片，这个拍摄路况的摄像头就安装在新浪办公楼理想大厦的窗口上。那时候这个账户比较新鲜，很多人关注，后来就被一家小企业利用了，那家公司根据这个账户摄像头的拍摄位置，在天桥上对准摄像头拉了一个大横幅，这相当于让这个账户自动帮忙发了广告，也就是做到了公共资产私有化。

得到 App 在更新品牌 logo（就是大家熟悉的那只猫头鹰）的时候，广告公司给猫头鹰做了一系列衍生品，其中就包括行李箱。那时我在提案现场，就提议，一定要在旅行箱的两面都印上这只猫头鹰，而且要做很大，得到的员工以后出差都要带这款旅行箱，这样就能被机场的人看到。我还提议，得到的员工在取旅行箱时应该让旅行箱在传送带上多转几圈再去拿，这就实现了公共产品私有化。那么多人在那里等行李，这就等于在机场做了广告。

所以，凡是有机会面向很多人展示信息的公共产品或者资源，都可以考虑将其私有化，让它们成为自己品牌的传播资源。

你还记得当初滴滴出行刚推出来的时候是怎么叫车的吗？那时是直接说话，发语音留言给司机，而不是像现在这样输入出发地点和到达地点。这就给我们一个机会，可以利用滴滴出行来做一些推广。

怎么做推广呢？我有个同学开了一家中医诊所，他们诊所的一个医生开发了一个中药配方，对痔疮治疗非常有效，他问我怎么推广。我向他提议，因为出租车司机常年开车，是痔疮的高发人群，他可以通过滴滴打车，用语音叫车，其实是给他的诊所做广告，就说中药三个月根除痔疮，无效退款，然后留下电话。如果想多传播，就多找几个人在不同的地点去发这样的语音。

我还听到一个朋友给我讲过一个案例。

他说有个人开了一家汽车修理厂，但是刚开业业务并不多，这就需要想办法获得新客户。汽车修理厂的客户有两类，一类是常规保养客户，还有一类是事故车客户。他想做事故车客户的生意，但怎么才能快速找到这些客户呢？

他想了一个办法。他找到他的修理厂附近的美团外卖员，给这些外卖员留了电话，如果他们在送餐路上看到哪里出了车祸，只要打电话告诉他，就能收到一个大红包，而这个修理厂老板就会快速赶到车祸现场。很多出车祸的车主缺乏相关经验，对如何处理、如何理赔并不了解，这时候突然有人来教他们怎么处理，感觉就像遇到救星一样。所以，他也就可以顺理成章地获得车主的维修业务。

你看，即使是一个看起来跟媒体毫不相关的产品或者其他公司的员工，我们也有机会把它私有化为一个传播媒介和销售人员。

开发自媒体

说到自媒体，大家可不要误解，我说的自媒体并不是指微信公众号之类的媒体。对一个企业来说，自己的媒体就叫自媒体。比如你有一个车队，那这个车队就是你的自媒体；你有一座厂房，这座厂房就是你的自媒体；你有1000个员工，这1000个员工就是你的自媒体。

开发自媒体，就是要把你自己有的、可以利用的资产充分媒体化，让它们对外展示你的企业或者品牌，这也可以叫作私有资产媒体化。

在讲这个方法前，我先给大家讲一个故事。

好多年前，美国标准石油公司有一个小职员叫阿基勃特，虽然只是一个小职员，但他总是尽可能地为公司多做贡献，因为只有公司更好，自己的收入才能更多。后来阿基勃特为公司想出了一句朗朗上口的广告语："标准石油，每桶4美元"。这句广告语非常符合我们创作广告口号的要求，不仅朗朗上口，还包含了产品价格和品牌，信息量很大，而且在那个时代，写起来也非常简短方便。

后来阿基勃特只要有签名的机会，就会在自己的名字下面写上"标准石油，每桶4美元"这句话。不管是写信还是商场的结算单上，抑或住旅馆签单，甚至图书馆借的书，他都会夹上一张他签名的小纸条。

阿基勃特的职位不断提升，但始终没有忘记持续宣传公司，所以他在公司得了一个外号叫"每桶4美元"。后来，洛克菲勒退休，阿基勃特接替他成为标准石油公司第二任董事长。

我们说开发自媒体，就是时刻不忘随时随地宣传自己的品牌，要利用一切可以利用的机会和位置进行宣传。

开发公司的自媒体，包括人和物两个方面。

比如我每次公开演讲的时候，都穿一件印着"小马宋"字样的T恤，这样演讲时的摄影以及演讲后的合影，都会带来"小马宋"这个名字的传播，这就是把自己的身体当成了媒体。所以我说过一个观点，叫"CEO的胸是企业最好的广告位"。

因为我看到大批创业者、企业家公开演讲的时候，从来不穿带自己企业名字或者logo的服装，而这个公开演讲场合可能是某个互联网大会，也可能是某个电视台的节目，你看这不就是白白浪费了传播机会吗？

当然也有做得好的。罗振宇作为创业圈里的知名人物，他自己就有巨大的关注度和流量，所以他在脱口秀节目《知识就是力量》中，自己穿的西服上永远戴着一枚猫头鹰符号的胸针。罗振宇的着装就是得到 App 一个巨大的自媒体。

我讲过熊猫不走蛋糕的案例，它就很注重自媒体的开发。熊猫不走的员工，只要有私家车的，公司就要求他们在车上贴上公司的 logo，当然公司会给员工一定的补贴。如果有员工愿意把自己的车整个喷成公司品牌的视觉符号，公司的补贴力度会更大。他们的送货员，每人都要穿上熊猫服装，戴熊猫头套，这样就增加了顾客和送货员合影拍照发朋友圈的概率，也就增加了曝光机会。他们每天有大量送货员在路上跑，显眼的熊猫服装也是一个展示机会，所以熊猫配送员就是他们重要的自媒体。

我们还有一个客户，叫仲景食品。我去仲景食品位于河南西峡县的总部工厂去参观，发现仲景食品的停车场上，只要是白色的车都印着仲景的 logo。原来公司给员工发了补贴，只要贴上公司的 logo，公司每个月给员工补贴 200 元。所以你在西峡就会经常看到带有仲景食品 logo 的私家车。

开发公司的自媒体，不仅有人，还有物。公司自有的东西，只要是能向公众展示的，都可以成为你的自媒体。

比如顺丰速递，每天有成千上万的快递车和物流车跑在路上，这个巨大的车队就是非常好的自媒体。顺丰的视觉形象虽然在我看来还不够完美，但顺丰的物流车队视觉统一，识别度很高，比其他快递公司要好很多，也更容易识别。

如果你是开实体店的，你的门头店招就是你的自媒体。门头当然要做到视觉上醒目，才更容易被人发现。不过还有一个点可能许多店主忽略了，在打烊之后，很多人就选择关掉门头的灯光。其实如果你晚上9点打烊，照样可以开着门头灯，这样晚上走路的人就能注意到你的招牌。尤其是北上广这样的繁华城市，即便深夜也有好多行人。可是很多打烊的门店却把灯关掉了，这就浪费了很好的宣传机会，因为这时大部分店都关门打烊了，如果你的店能开着灯，就会更加醒目。

乐纯酸奶的创始人刘丹尼跟我讲过乐纯酸奶在名片上的自媒体设计。

刘丹尼说，名片其实就是对方保留你的地址和电话的一种方式，但现在大家已经习惯了互加微信，那这张纸片的意义就不存在了。但是乐纯为名片找到了一份新工作，那就是成为公司的一个自媒体。

刘丹尼思考了一个问题：既然名片就是一张让对方记住你的公司、你的名字、你的联系方式和你的品牌的一张纸，那么怎样让对方主动学习、主动了解你的公司和产品呢？于是乐纯对名片进行了重新设计，乐纯的每一张名片，正面是正常的个人和公司信息，而背面却是一张可以在乐纯门店兑换酸奶的优惠券。

这样你在跟别人交换名片的时候就可以说："您好，这是我的名片，您可以用它在乐纯的任意一家门店直接兑换一种口味的酸奶。"他们共设计了四种口味的酸奶，因此他在发名片的时候还可以说："我们的酸奶共有四种口味，您可以挑选一个您最喜欢的。"

这样，一张名片不仅成为一个记录联系方式的纸片，还是一张锁定新顾客的优惠券，并成为宣传公司产品的宣传页。

有意思的是，在一些行业大会上，经常有人在拿到乐纯的名片后，再招呼更多朋友主动跟乐纯的员工交换名片。当大部分其他名片被迅速丢入垃圾筒时，乐纯的名片却可以帮助社交破冰，让合作方主动记住品牌并尝试产品。

我自己的旅行箱上就印着公司的名字和 logo，我的手机息屏显示也是公司 logo。所以你看，你公司拥有的任何物品、任何人，其实都可以成为宣传你的品牌的自媒体。

所以大家一定要记住，自媒体不仅仅是微信、微博、抖音、快手，自媒体其实是你自己拥有的媒体。当然聪明的朋友可能想到了，那我的产品不也是我的自媒体吗？是的，很多时候，你的产品可能是你拥有的最大的自媒体。当你开着小小的、酷酷的 MINI，当你驾驶一辆拉风的特斯拉，当你穿着三条杠的阿迪达斯运动服，当你拿着星巴克绿色的咖啡杯，当你挎印满"LV"花纹的包包，当你拍下茶颜悦色的奶茶发朋友圈的时候，你就是在给这些品牌做广告。

这个时候，设计醒目、识别度更高的产品就获得了传播优势。

这里我讲的是低成本传播，其实还有许多其他方法，限于篇幅无法一一讲解。请记住一句话，任何可以面对大众展示的东西都可以成为你传播品牌的载体，你只要发挥无穷的想象力，去创造更多的低成本传播方式就好了。

笔记 23

推广的本质在于降低顾客的交易成本

一般长角的动物，都没有什么攻击性。角是用来防御的，牙齿和爪子是用来进攻的。动物不可能兼顾防御和进攻，因为那样做的成本太高，那样的动物都被自然淘汰了。

我遇到过很多朋友，他们特别喜欢学习，所以看了很多营销书，然后呢，就看糊涂了，因为每本营销书讲的角度和观点都不一样，他们就不知道该听谁的了。

后来我就给他们讲了一条关于营销的最简单的本质：营销就是降低顾客的交易成本。这个原理其实来自科斯的交易成本理论以及华与华方法，但科斯讲的是企业的交易成本，我们在这里讲的是顾客的交易成本。

强调一下，顾客的交易成本可不只是顾客购买商品的成本，商品价格只是顾客交易成本的一部分，在不同情境下，顾客有不同的交易成本。下面我们就讲一讲顾客的几种交易成本。

顾客的记忆成本

所有的广告和传播，最核心的目的都是让顾客记住你的广告。那么对一则广告来说，你想让顾客记住什么呢？我认为有三方面内容：你是谁，你怎么样，你有啥事。这三方面内容，一则广告中至少要有一方面才行，最好是三方面都有。

"你是谁"，就是顾客看完广告之后，应该知道这是什么品牌的广告。你可能觉得，一个广告，顾客看完不知道是什么品牌，这不是很可笑吗？但这种情况并不鲜见。有些品牌特别希望弱化广告的广告色彩。我就常常听客户说，这个广告太直白了，我们不想让顾客看到这个广告，不想让顾客感觉到这是我们的广告！

既然是广告，那就首先要让顾客知道这是什么品牌的广告，所以一条传统的 TVC 中，至少要三次提及品牌名称，顾客才更容易记住。前面我讲过，取一个好记的品牌名称很重要。所以我很喜欢像《奇葩说》那样的广告插播形式，主持人或者嘉宾在做广告的时候毫不遮遮掩掩，这才叫广告嘛。现在仍有很多在新媒体上做的所谓的植入式广告，比如一条短视频，拍的是 KTV 里的搞笑事，但可能植入了食族人酸辣粉的产品。假如这条视频播放量很高，可是大部分观众没有注意到这里面有食族人的酸辣粉，那它就是失败的。所以，像这种极其隐蔽的植入广告，就需要在评论区里专门安排人来"发现"食族人酸辣粉的存在。

"你怎么样"，简单来说，就是告诉顾客你为什么好，好在哪里，顾客凭什么买你。比如 OPPO 的"充电五分钟，通话两小时"，三胖蛋的"十斤瓜子选二两"，都是非常浓缩且强烈的产品特点，顾客一看就知道你好在哪里。

最后是"你有啥事"。所有广告都有目的，你要说清楚、说明白。如果是"双十一"促销的广告，那你就要告诉大家今年有什么优惠，有什么知名品牌打折，等等。

当然，所有这些你想要顾客记住的内容，都应该简单好记、令人印象深刻。每个顾客每天都处在无穷无尽的信息中，广告也是信息的一种，你的内容一定要好懂，容易记忆，最好是印象独特。关于这个内容，后面也会展开讲述。

搜索和发现成本

搜索和发现成本，就是顾客怎么才能更容易地找到你。王老吉的红罐凉茶，在超市堆放面积非常大，颜色又醒目，所以顾客就很容易看到它，这就降低了顾客的发现成本。你的餐厅门头招牌做得更大更明亮，顾客发现你的成本也就更低。同样，在手机屏幕或者电商搜索页面上，你的 App 更显眼，你的电商缩略图更醒目，就能降低顾客搜索发现你的成本。顾客想吃午餐的时候，他会用美团来搜索，他怎么才能在搜索界面中更快地发现你，取决于你对美团搜索的优化和广告推广的效率。

你可以到街上去看看 7–11 便利店的店招，不仅内打灯很亮，还非常大，只要允许，它尽量做宽做长，这样就更容易被发现。此外，它能被顾客发现，不仅仅是因为它的 logo，还因为它整体的视觉是红、橙、绿三种条纹的设计，logo 永远没有店招的面积大，所以顾客远远看到红、橙、绿三个条纹的大牌子，就知道这是 7–11 便利店了，它的发现成本就很低。

顾客决策成本

顾客决策成本就是顾客发现某个品牌后能不能快速决定购买。顾客发现了王老吉，他走到货架前，发现王老吉外包装上写着"怕上火，喝王老吉"，如果恰好他是一个容易上火的人，那他就会想，要不我买一瓶试一下？如果他曾经看过王老吉的广告，即使没有看到"怕上火，喝王老吉"这句话，他也会购买，所以广告和品牌知名度本身也降低了顾客的决策成本。当然，品牌本身就能降低顾客的决策成本，因为越是优质的品牌，越能赢得顾客的信任。

我们在服务元气森林的时候，针对喝过元气森林的顾客做过调研，有一个问题是："你购买第一瓶元气森林的时候，是什么让你决定买一瓶来试试呢？"90%的被调研顾客说，是因为看到包装上写着"0糖，0脂肪，0卡路里"才决定购买的，所以这个包装就降低了顾客的决策成本。

这就是一个具体的顾客决策过程，而包装就是为了降低顾客的决策成本，所以才会写上很多购买理由。你看农夫山泉，它也会写"从不使用城市自来水，不含任何添加剂""取自长白山莫涯泉天然泉水"，这就是农夫山泉在试图用包装打动你，希望你尽快买它，它在降低你的决策成本。

有一次我坐高铁，遇到一位推销奶酪的列车销售员，我观察她卖奶酪有一种独特的技巧。比如她是顺着列车向前走，每到一个座席她就停下来跟乘客介绍奶酪。但她边介绍边时不时往前看，还不停地打招呼："前面的乘客也想买是吧？您先等会儿，我给这里的乘客介绍完就过去。"我顺着她的方向往前看，根本就没有乘客在招呼她。但她在一节车厢内至少要打5次以上的招呼，这个假装出来的招呼，实际是她自己制造出来的"热销感",让正在犹豫的乘客突然觉得这东西很受欢迎,往往就会下单了。大家看这个故事,因为是上帝视角,觉得这种技巧很低级,实际上我们代入坐高铁的情形中,就不是那样了。

以前我坐绿皮火车,在火车车厢里见到过卖袜子的推销员,他拿个铁刷使劲刷他的丝袜,刷完后丝袜还完好无损,顾客看到,"哇,质量这么好",所以很容易就决定购买了。这个演示就是降低了顾客的决策成本。这种叫卖和展示方法,多年以后被用到了直播带货领域。

直播带货,那就有更多促使顾客下单的花招,最简单的,就是主播会跟助理配合:"怎么这么快就抢完了?那跟商家联系一下,看能不能再上200包?今天发福利,让他们大方一点……"其实后台商品根本就没断货,都是主播制造出来的热销感和紧迫感,让正在看直播的观众觉得需要马上抢。

顾客在路边看到一家奶茶店,如果他是一个新顾客,影响他购买决策的最重要因素是什么?其实这个答案很明显,我们每个人几乎都有这样的经历,就是看这家店门口排队的人数。但排队人数也有讲究,排队少了,顾客会觉得你生意不好,排队人数太多,他可能会放弃购买,因为时间成本太高。所以排队的人数最好是3~8个,这样顾客会觉得你家生意不错,排队时间也不会太长。

当然还有一些次要因素。比如店里灯光的布置很合理,从外面看上去就会比较舒服,给人的感觉就好。比如你的新品和热卖饮品,都可以用大海报的形式做出来吸引顾客下单。你还可以用一些真实的数据来促使顾客下单,也就是提供一个购买理由。比如古茗奶茶在店门口海报上写着"古茗全国超过5000家",顾客就会觉得这家奶茶店很厉害，奶茶应该也很好喝。

比如老乡鸡只选用安徽肥西的老母鸡，这也是个证据。但这里要注意，笼统的证据描述不如具体的描述有说服力。比如老乡鸡说他们家用的是土生老母鸡炖汤，就不如说采用安徽肥西土生老母鸡炖汤有说服力；农夫山泉说他们采用的是天然矿泉水，它就不如写采用长白上莫涯泉的山泉水有说服力；褚橙说自己的橙子很甜，就不如说酸甜比是1：24更能打动人。要记住，细节描述越具体，消费者越容易相信，也更容易做决策。

顾客的使用体验，决定了他会不会复购和向他人传播。所以产品的使用成本也是一种需要考虑的顾客成本，有时候我们需要在功能性需求和体验性需求中寻找平衡。比如一家餐厅，它的服务和口味越好，顾客体验就越好，但它的交通是否方便、有没有停车位、要不要排队等就是另一种使用成本。比如我自己就从来不会去海底捞排队用餐，因为我认为等候的成本太高了。

前几年因为疫情的原因，方便速食类商品大爆发，信良记、筷手小厨、自嗨锅、拉面说、李子柒螺蛳粉、食族人等新锐品牌快速增长。但疫情结束之后，这类方便速食究竟有没有前途还有待考量。比如我们在冲泡类速食的调研中发现，有许多人购买了某需要煮食的面类品牌后很失望，不是因为它味道不好，而是因为它需要在家自己煮，顾客的使用成本就增加了。所以本质上它不是一个方便面，而是一个需要自己加工的预制面。

你有没有使用一些小众数码产品的经历？它们需要连接网络，还要跟你的手机相连，连接完了还要各种莫名其妙的操作。这种让人崩溃的使用体验直接就劝退了很多人。我用过很多智能音箱、智能摄像头等电子产品，作为一个工科生，我用着都会头疼，不知道怎么操作。当然也有做得好的，我偶然使用过一款标签打印机，装打印纸、连接打印机、输入文字、打印，一气呵成，感受不到任何陌生感，体验相当流畅。我立刻推荐给公司的合伙人，让她也开始使用。

当顾客的使用成本增加时，相应的使用体验和复购率就会降低。

当然还有许多降低顾客复购决策成本的方法，比如有些奶茶店，集齐五杯奶茶就送一杯，那顾客的复购率就会更高。其他诸如充值、办会员卡、购物积分等，都是促使顾客复购的方法。

顾客的传播成本

顾客使用或者体验了你的产品之后，如果体验很好，他就会成为一个传播者。在此基础上，你还要为顾客的传播准备好内容和工具，激发顾客的传播动力。

其实大部分顾客是没有创作能力和动力的，所以你就要为顾客准备好传播内容。你的品牌口号就是要让顾客记住，并且容易让他向另一个顾客推荐的时候说的。比如三胖蛋瓜子，顾客吃完之后觉得这个瓜子特别好，就会向他的朋友推荐，他会怎么说呢？他可能会说："这个瓜子特别好，十斤瓜子才选二两。"你看，你的广告语就成了顾客的传播用语。

当然过去顾客的传播主要是口耳相传，因为他们没有别的传播方法。但今天智能手机的普及和新媒体的发达，让顾客可以轻松地拍照、拍视频，也可以让顾客转发关于你品牌的文章、图片、海报、短视频、H5（营销页面设计形式）、互动游戏等，这些都是顾客能够传播的内容。

而所谓工具，就是顾客传播能使用的方法。比如得到 App，在每个知识内容中，他们准备了知识红包、画线分享、生成图片等工具，这就让顾客的分享更加简单了。

在我们做推广的时候，如果都能从顾客成本角度考虑问题，事事围绕降低顾客成本来思考，就会大大提升效率。

笔记 24

一句带有态度的口号，能立刻获得顾客的心理共鸣

中意也，盈盈红袖谁家女；文质何，郁郁青衿是吾生。幸得识卿桃花面，从此阡陌多暖春。

——出自北大女生节

说起广告，就不得不说广告口号，也就是我们常说的品牌 slogan。以我多年的经验来看，有用的口号通常有四种类型。

第一种就是阐述品牌或者产品的独特价值。

这就是告诉顾客，你为什么应该买我。比如我们为食族人酸辣粉创作的广告语"一桶六包料，嗦粉更过瘾"，为三胖蛋瓜子创作的口号"瓜子就是大，跟谁比都不怕"，都属于这类口号。这类口号有助于顾客快速判断是否想要这样的产品，以及是否能够迅速促成交易。尤其是那些广告与购买一体的品牌，这类口号效果就更好。比如我们给乐凯撒炸鸡写的口号"比鱼肉还嫩"；给书亦烧仙草写的"半杯都是料"，都传达了强烈的产品价值，让人看了就有购买的冲动。

小马宋曾经创作过的这种类型的品牌口号还有：

四季椰林：不加一滴水，四个椰子一锅汤

三胖蛋：十斤瓜子选二两

苏阁鲜果茶：只爱鲜水果，不爱乱添加

胖舅舅：虾蟹不活不加工，24 小时直播挑蟹

第二种是发出行动指令。

这是告诉顾客该什么时候、什么情况下做购买决定。这种类型的品牌口号有：

半天妖青花椒烤鱼：烤鱼不用挑，就吃半天妖（小马宋作品）

益达口香糖：吃完喝完嚼益达

红牛：困了累了喝红牛

哈根达斯：爱她就请她吃哈根达斯

这一类口号，顾客第一眼看到未必会立刻产生购买冲动，因为这种口号没有一个"购买理由"在里面。但这种口号看多了，顾客就会形成一种条件反射，会自然而然地将一个行为和一个固定的品牌或者产品绑定，然后在某种条件下产生购买行为。

我就有一个体验。我下午开车特别容易犯困，而且这种困是没法克服的，所以我要是在高速公路上开车，只要开始困了，就会行驶到最近的高速公路服务站买一瓶红牛喝。为什么呢？因为脑子里有一种

条件反射，就是"困了，累了，喝红牛"。

可是我接下来的行为就会令人非常迷惑，因为我每次喝完红牛，根本无法克服睡意，我一般都是喝完红牛后在车里睡一小觉（10~15分钟），然后开车上路。其实我平时也试过，红牛对我是没有效果的，喝完该困还是困，但就是因为我过去听了太多遍这句口号，导致我困了的时候自然而然就想去喝红牛。

这类口号对那种有大量广告投放的品牌尤其适用，因为这种让顾客"上头"的口号，需要大量的重复才能达到最佳效果，你只看一遍两遍是没有用的，最好是常年不断做广告，效果才最佳。当然线下门店数比较多或者销量高的品牌，即使没有广告支持，因为顾客买得多、见得多，也会起到类似的"洗脑"作用。

这类品牌口号也有很多，我们也为客户的品牌创作了大量这类口号。

> 隅田川咖啡：咖啡要新鲜，认准三个圈
> 古茗奶茶：每天一杯喝不腻
> 小皮：挑剔的妈妈选小皮
> 简单心理：心里有事，找简单心理

第三种是在价值观上与消费者形成共鸣。

这种口号，核心就是要与顾客在价值观、世界观、人生观方面形成认同，如果不能在这种精神价值上达成共识，也要在某一类或者某一个观点上达成共识，比如 keep 的广告语"自律给我自由"，阿迪达斯的"没有不可能"，锤子手机的"天生骄傲"，动感地带的"我的地盘我做主"，都是这种口号。

2013 年，我刚刚做公众号的时候，给自己的公众号写了一句口号：有思想的人都寂寞。后来有许多公众号的订阅者跟我聊天的时候会提到这句口号，他们就是因为这句口号关注了我。当然这句口号也不是我的原创，我是在《书城》杂志上看到了这句口号：有思想的人都寂寞，还好有好书可以读。

第一种口号可以直接给出购买理由，第二种口号也能促使消费者形成购买习惯和行动指令，但第三种口号不具备这两种功能，它可能没法在顾客的购买行为上产生直接影响，可是有些品牌依然会选择使用这种口号。

为什么呢？这就是另一个层次的东西。因为品牌最高的境界，其实是赢得顾客在价值观和精神上的认同，这时候顾客就会对品牌产生好感和"同好"的感觉，顾客不仅仅乐于购买这个品牌的产品，还会自发、主动地去维护这个品牌。他们乐于向周围的朋友和社交网络上的陌生人传播这个品牌。他们去买这个品牌的商品，有时候真的不是他们需要这个商品，而是因为单纯地喜爱这个品牌。

而品牌想要达成这种效果，口号就是手段之一。一句带有态度的口号，能立刻获得顾客的心理共鸣，迅速拉近与顾客的心理距离，而且有可能让这个顾客成为"铁粉"。比如遇见小面在餐厅内一直沟通一句企业的核心价值观——"把一件小事做好"，就获得了许多顾客的共鸣，在大众点评的评论中，我们也常常看到顾客会提到这句话。

当然配合这句口号，企业还需要在所有经营活动中贯彻并体现这种精神和态度，这样才能形成连贯一致的品牌精神。

使用这种口号最怕的是品牌用一种生硬的价值观去沟通，不仅不会增加好感，反而会引起消费者的反感，比如那种烂大街的"勇于创新"之类的口号。所以这种调性的口号使用的时候就要拿捏到位。如果说"阐述品牌价值"的口号属于技术活和标准化创意，那"价值沟通"的口号就是一种艺术了，这种真的不好掌握，建议大家不要随便使用。但是如果你想成为一种有精神和性格的品牌，这种口号会帮到你。

类似的口号还有：

下厨房：唯爱与美食不可辜负

万事达卡：总有一些东西，是钱买不到的

第四种口号是要和美好、正面的事情、联想、愿望等进行绑定。

这类口号的作用原理就是心理学中的关联效应。当你反复与一件事情绑定的时候，消费者就会觉得你真的和这件事是相关的。"人头马一开，好事自然来"，这句口号本身是没有什么逻辑的，也讲不出什么道理来，但只要不断通过广告和传播强化人头马与好事的关联，消费者就会把人头马与好事绑定，形成固定的关联。

当大多数人把一件美好的事情或者寓意与一个品牌相关联的时候，就会形成一种文化或者习俗的共识，就像中国人会觉得"喜鹊"与好事关联，数字"8"会带来好运气，而"4"则是大家避讳的一样，品牌经过长期传播，也会形成并加深这种认知，当然这也需要对这种口号进行持续的传播。

百事可乐每年都会在新年期间播放一部"祝你百事可乐"的广告短片，如果百事可乐能长期坚持这个行为，也会形成一种固定关联，你希望有好事发生的时候，就会希望喝百事可乐。

讲完口号的四种类型，再来聊聊品牌口号的语法等问题。为什么要说语法呢？因为不同的语法，对人的影响是不一样的。总的来说，越是押韵、顺口、对仗的口号，就越容易让人信服。对中国人来说，四字成语、古代诗歌、唐诗宋词、民间谚语等都属于那种朗朗上口的语句。比如中国人在酒桌上就会常常说一句劝酒词："感情深，一口闷"，你看，这其实是一句完全没有逻辑的话，可是你听到后竟然无法反驳！因为这句话对仗、押韵，还有很好的节奏感，让人听起来就会觉得很有道理，即使你也不知道这个道理是什么。

亚里士多德在他的著作《修辞学》中也讲到当众演讲并说服别人的技巧，包括如下几个特征，这些技巧也同样适合写广告语。[①]

第一，简单的字词，普通的道理；

第二，有节奏的句式，或者押韵；

第三，令人愉悦。

写广告语，你使用的文字和讲的道理或者逻辑一定要简单，一旦讲深了，大部分人就听不懂、看不懂了。比如西贝里有一张海报，说"黄鱼越大越好吃"，这就是一个特别容易理解的道理，背后的意思人人都懂。我们的客户博商管理科学研究院是做管理培训的，原来的口号是"博学笃志，商道弘毅"，这句话几乎没有学员能看懂，既然大

---

① 引用华杉"跟华杉学品牌管理"课程中对《修辞学》的整理总结。

部分人都看不懂，那就谈不上有用了。后来我把它的口号改为"博商懂生意，学完就落地"，你看这句话是不是就特别容易理解？

从使用的词汇来说，广告词用口语比书面语更好。

人类使用语言已经有几万年甚至 10 万年以上的历史了，而使用文字的历史则只有短短几千年。在过去几千年中，真正掌握文字的人类也只是少数，而且世界上大约有 5%~10% 的人有先天阅读障碍，所以书面语对大部分人来说要比口语难理解得多。广告的目的是沟通，是向顾客推送信息，这种信息最好简单易懂。使用口语就是更好的选择，因为口语很容易被大多数人理解，同时也容易口口相传。

当然，《书城》杂志说"有思想的人都寂寞"，是因为《书城》的目标客户都是读书人，读书人有读书人的共鸣。所以规则是固化的，实际情况却是多变的，我们只能根据实际情况来权衡和取舍。

有节奏的句式也非常重要，刚才我讲过，那种很有节奏感的句子，不管它说的是不是真的有道理，你总会感觉它很有道理。许多名言都是这样，比如美国总统肯尼迪说的"不要问国家能为你们做些什么，而要问你们能为国家做些什么"，这种情绪强烈的句子会立刻感染你，让你失去分辨是非的能力。我们常常把这种句子称为金句。金句有时候不需要讲道理，金句只要是金句的格式就行了。比如罗振宇在一次跨年演讲中讲了一个金句被广为流传——"没有任何道路能通向真诚，真诚本身就是道路"。这句话的句式太精彩，以至没有人关心它有没有道理了。

前英国首相特蕾莎·梅在与工党领袖杰里米·科尔宾辩论的时候，就用了一个金句——"他可以领导一次抗议，而我在领导一个国家"，赢得了大量喝彩。

脑白金的广告"今年过节不收礼，收礼只收脑白金"也是一种金句格式。

人人都爱听漂亮话，写广告语也是一样，这就是广告语需要"让消费者愉悦"的原因。我们曾经为"一只酸奶牛"写过一句广告语——"好看的人都爱喝酸奶"，这就是在取悦消费者，让喝一只酸奶牛的顾客感觉更好。"人头马一开，好事自然来"，这种广告，就是一种典型的漂亮话，和过年大家见面就说恭喜发财一样，让饮用人头马的顾客高兴。

2003年，姜文为美罗胃痛宁片拍过一个广告片，广告语这么说："胃痛？光荣！肯定是忙工作忙出来的！……美罗牌胃痛宁片，您得备一盒！"胃痛其实跟忙工作没什么必然关系，但是这个广告硬扯上了一个关系，有胃痛的顾客不仅不会反驳它，反倒会有一种"给自己脸上贴金"的感觉，他会跟别人说，你看我这胃痛就是忙工作忙出来的。

广告口号要使人愉悦，所以即使游戏广告，也不会说你打游戏是在消磨时间，他们会用"和兄弟一起上战场""创造自己的帝国""挑战不可能"等广告语来取悦消费者。

在实际创作中，你当然很难兼顾这些特征，那就需要根据具体的品牌情况来判断，究竟应该突出什么。因为你不可能用一句广告语说出所有的卖点和想要沟通的内容，这既不可能，也没有必要，消费者也很难记住这么多。什么都想表达，是品牌商在创作广告口号时最容易犯的毛病，各种纠结和反复其实没有必要，找到最能打动顾客的、最能在竞争中胜出的那一句就好了。

笔记 25

那些网红品牌都是怎么起步的？

大品牌小的时候，才是更值得学的。

即使是我们营销咨询这个行业内，也很少有人知道一个品牌是怎么从零开始做起来的，因为大部分从业者接触到的都是已经有一定基础销量的企业和品牌，所以很多毫无推广经验的创业者兴冲冲地做出产品之后，却发现他们对怎么把产品卖出去一无所知。

在写这篇笔记的时候，恰好是新东方创始人俞敏洪先生带领新东方部分老师转型做直播带货的时期，不管这件事结果如何，我都对这位创业者由衷地表示敬佩。许多企业家是拿着真金白银去探索一个完全未知的领域，他们也不知道这件事究竟能不能成功，他们必须在做的过程中找到成长的方法和机会，还要不断克服发展中遇到的各种问题。我们只看到那些成功后的风光无限，但是一家成功的企业背后是无数失败者。我曾在 10 多家公司工作过，在我只是领工资的时候，我很难想象那些拿出所有积蓄甚至卖房卖车拿出全部身家创业的人背负多大的压力。所以，我特别希望创业者明白，造出一个好产品不是创业成功的全部，甚至不是最重要的因素（大部分产品很难有壁垒），知道怎么推广出去才是创业成功的必要条件。如果你在创业前还对如何推广产品没有概念，我建议你一定要谨慎思考。

今天我就跟大家聊聊我了解的一些品牌起步时的情况，也算是为各位创业者提供一些思路吧。

我在《营销笔记》中讲过云耕物作的策划案例，不过你可能不知道，当年云耕物作是怎么从零开始的。

创始人钟晓雨当年在做这个红糖品牌的时候，确实没有什么推广的概念。他做出了一款很好的红糖，然后就在一个众筹平台和朋友圈去推销，加上当时他还有一帮有消费实力的 MBA 同学，居然销售了 50 万元。这让他很兴奋，所以就兴致勃勃地搞生产去了。

不过把红糖做出来之后他就傻眼了，因为除了众筹卖出去这 50 万元，还有几百万元货值的红糖，他不知道该怎么卖了。与许多创业者一样，在此之前，他也没有推广的经验，只是想做一款不错的红糖而已。

如果不是他运气好，我想云耕物作很可能会以亏本甩卖的方式关门歇业。幸运的是，他在一个偶然的机会遇到了几位公众号主理人，那时候这些公众号也没什么创收变现的方法，就主动说可以帮云耕物作带货，不收广告费，以销售佣金的方式推广。就是这个偶然的机会让钟晓雨缓过一口气，而且也发现了公众号的带货能力。所以云耕物作初期就把营销重点放在微信公众号上，而且加大了投入。在公众号最容易推广的一段时期，云耕物作大概每年要将上千万元的广告费投在上面，销量也集中在公众号这个渠道。

再后来，公众号的红利过去了，推广效果越来越差。云耕物作及时转战淘宝，同时重点研究小红书、抖音等新兴的推广渠道，在一次次推广实践中不断优化投放效率。云耕物作的市场团队从完全的"小白"到精通各个新媒体的投放，通过不断学习，探索新方法、新渠道的进化。但他们初期确实是懵懵懂懂，就像许许多多有梦想的创业者一样。

我再来介绍一下熊猫不走的初期起盘情况。

我之前也介绍过熊猫不走的案例，那是从宏观策略上讲的，但如果只有顶层的策略，没有底层的高效执行，其实也没有效果。因为熊猫不走的模式，要想成功很难，但只要你做出来，别人一下子就能看懂这个模式。那为什么这么多年过去了，还是没有人能抄袭成功呢？就是因为这些创业者不知道怎么起盘。光知道用一个熊猫去送货很容易，做出一个蛋糕也很容易，但是怎么才能在一个城市获得大量的用户呢？这是一个许多模仿者没有思考明白的问题。

熊猫不走的创始人杨振华，早年经营一个连锁超市品牌，当时拥有近200家店，而且这个超市品牌主要靠线上获客，然后线下配送。所以，熊猫不走从一开始就有原来做线上超市积累的大量客户做基础，团队也有起盘和大量线下推广活动策划的经验。

熊猫不走起步于广东惠州，当地的公交站牌和公交车广告相对都比较便宜，所以熊猫不走在上线早期就直接在公交系统投放了大量广告，为品牌造势。在造出一定声势之后，熊猫不走团队就跟当地大量的商场去谈合作，每到周末就在当地商场做地推活动。主要形式是，只要你关注熊猫不走公众号，并转发专用裂变海报到朋友圈或推送给特定朋友，就可以免费获得价值18元的熊猫公仔或者99元的生日蛋糕，这个之前也介绍过。

就是这种看起来很"土"的推广方式，让熊猫不走早期在一个城市可以获得数十万的粉丝，然后再通过公众号推销生日蛋糕。

我也曾经问过元气森林的创始人唐彬森，我说你们铺了那么多线下销售点位，是怎么做到的，难道是有特殊资源？他说不是，早期元气森林就是一个一个系统、一个一个点位地死磕，也走过很多弯路，遭受到过很多挫折，但最后还是慢慢好起来了。

逮虾记早年是做to B业务的。除了做to C产品的企业，当时电商平台上几乎就没有卖虾滑产品的，行业经验几乎为零。没有可以模仿的同行，他们只能自己摸索。逮虾记to C产品的虾滑起盘在2022年，这一年抖音的电商GMV已经非常大，小红书"种草"也是一个很好的渠道，但是应该把推广费用投在哪里呢？究竟什么类型的博主才是最适合的带货渠道？是母婴、健身、职场、美食还是美容类博主？其实逮虾记的团队也不知道，那就用小成本去测试。测试一遍之后，他们就找了推广效率最高的那一类博主，然后就加大投放力度。没有做过的人，以为市场部的人掐指一算就知道投哪里了，其实，所有经验都是花钱买来的，逮虾记也是在投放半年之后才有利润，前半年都是在烧钱摸索。

请记住，大公司推新产品是因为早就有成熟的推广体系。而今天，即使是许多风光无限的品牌，早期做产品做市场的时候也是四顾无人、连滚带爬、手脚并用地发展，谈不上什么正规打法，能卖出一点是一点而已。

绝大部分创业者为了早期不会死掉，可以不顾自己的体面，放下身段，摸爬滚打，不放过任何一个销售机会。当脱离生死边缘的时候，才会想着怎么系统化打法，体系化地运作，等等。

我们讲品牌和营销，不应该只关注那些成熟的大品牌，营销就活生生地存在于任何时间、任何地点、任何规模的企业之中，你不能只了解那些《财富》世界500强公司的通用打法，还应该学会那些看起来不入流的街头智慧，只有这样才能从0到1走出一条属于自己的康庄大道。

扫码收藏本章金句

第三部分

品牌

笔记 26

$$\boxed{\text{品牌是所有相关人士对一件事物的认知集合}}$$

我们的世界是由符号构成的，品牌也是一种符号。

从这一篇笔记开始，我要聊一聊关于品牌的话题。

做营销不可能绕过品牌这个话题，甚至有人会把做营销和品牌画等号，但是谈到品牌是什么的时候，却又陷入了一片模糊状态，感觉自己挺懂的，但又说不出来，自己对品牌的定义好像很难经得住不断追问。

比如有人经常跟我说，"我们只是有个商标，其实没有品牌"，在这句话里，品牌的意思是什么呢？它的意思应该是说具有影响力、让人信任、大家愿意为你多付钱的知名商标。

还有人跟我说，"我们以前没有做品牌，现在想做品牌了""我们想升级一下我们的品牌""我们的品牌还不够强大""这个是大品牌，那个是小品牌"，你可以想一想，这几句话里的每个"品牌"究竟代表了什么意思？

所以，品牌看似是一个大家都很熟悉的名词，但要想说清楚它究竟是什么，反倒有点难了。迄今为止，为品牌下定义的人和机构都很多，有实战派的广告大师，比如奥格威、李奥·贝纳、墨菲、特劳特等，也有学院派的专家教授，比如德鲁克、科特勒、凯文·凯勒等，遗憾的是，我至今没有看到一个特别全面且能让一个普通人看得懂的定义。

倒是《新华字典》中对"品牌"的定义最简单直接，也最准确：品牌就是产品的牌子，特指知名产品的牌子。

产品就是商品，要成为一个品牌你必须有商品才行；牌子就是识别和区分，品牌靠名字和符号来互相区分。

其实不是给品牌下定义难，而是因为不同流派对品牌的理解、对品牌的观察视角不同，所以很难统一给品牌下一个定义，结果就是每个学派、每个人下的定义都不一样。

其实定义有两种类型，一种叫概念性定义，一种叫描述性定义。之前我看到的所有关于品牌的定义都是概念性定义，比如奥格威说：品牌是产品各种属性的无形之和，包括其名称、包装、价格、历史、声誉，以及它的广告表现。

我简单讲一下概念性定义与描述性定义的异同。世界上有很多事物可以直接说明白"它究竟是什么"，我们就可以用概念性定义来定义它，比如说光合作用，它的定义是这样的：绿色植物吸收光能，把二氧化碳和水合成有机物并释放氧气的过程，称为光合作用。

但是有的东西是很难被精确定义的。比如"香味"，你就很难定义，它的界限也很模糊。比如有人觉得豆油很香，而有人却觉得豆油有一股豆腥味，不好闻，那究竟什么是香味，你确实很难用简单的表述来定义它。

这个时候，你可以使用描述性定义。这一篇笔记，我想尝试用描述性定义的方法为你描述品牌是什么，配合《新华字典》的解释，你可能会更清楚明白一些。其实，这种方式并不是单纯的描述性定义，而是希望用一种综述的方式，让你对品牌有一个全面的理解，至于你选择怎么理解，那就是见仁见智了。

品牌的英文名字"brand"，早期的意思指的是烙印，据说是欧洲牧民在自己家的牛身上打上一个烙印以方便区别的。所以品牌这个名字的起源本身就带有区隔、区别之意。品牌最基本的功能就是为了与其他品牌区别开，以方便顾客认识和识别这个品牌。

品牌究竟是什么？我们可以通过这个词的使用进行思考。我们说品牌的时候，会直呼其名，比如华为、小米、同仁堂、小马宋，这些都是品牌，所以我认为最接近的定义就是"品牌就是产品的牌子"。而牌子是什么？几乎可以认为，牌子就是名字。这也符合我们日常使用的习惯。你问"这个手机是啥牌子的"，我会回答"华为"；"这辆车是啥牌子的"，我会说"比亚迪"。

品牌的名字非常重要，我在《营销笔记》中也讲过取名的重要性和方法。其实早在 19 世纪 50 年代，美国的烟草商就发现了一个做生意的秘密：如果给香烟包装上加一个富有创意的名字（比如RockCandy），顾客会更倾向于购买这种具有创意名字的香烟。所以烟草商就开始出售印有品牌名称的小包装。这个时候，这个名字甚至都很难说有什么品牌魅力或者信用，它的热销仅仅是因为有一个比较有创意的名字而已。

我们还会经常说到"品牌标识"，与品牌名字同样的逻辑，标识也不是品牌，但品牌几乎都有标识，没有品牌标识的，一般也会把品牌名的字体进行设计，也就成了品牌的标识了，比如 IBM、同仁堂等。

关于标识的价值，是宝洁公司在 19 世纪中期无意之中发现的。当时宝洁的蜡烛是在美国辛辛那提生产，在商品的运输过程中，有些码头工人会在包蜡烛的纸箱上标出一个简单图形——星形。宝洁敏锐地发现，当时的顾客更加喜欢标有星形符号的蜡烛，他们认为这种蜡烛质量非常好。而且蜡烛的销售代理商也知道标有星形标志的蜡烛更受欢迎，所以如果纸箱上面没有星形标识，他们就会拒绝接收。宝洁公司受到了启发，于是就为它的蜡烛专门设计了一个星形标识，这大概就是最早的品牌标识。

再到后来，品牌的识别符号发展为声、色、味、触等多种形式，比如味道（例如酒店的特殊气味）、花边和纹样（例如博柏利的花纹）、特殊和固定的品牌颜色（例如可口可乐的红色品牌色）、歌曲或者声音符号（例如华为的铃声）。

所有的品牌识别系统，都是为了让顾客能区分这个品牌和另一个品牌，但这个认识和区分的背后，是因为品牌提供的商品或者服务具有差异性。这种差异性借由品牌识别系统传递给顾客，顾客才能根据这种识别系统背后代表的差异性来快速选择自己需要的商品或者服务。

品牌研究领域的持续探索，出现了更多关于品牌的解读和相关概念。更多与品牌相关的词汇有了更为广泛的用法，比如品牌性格、品牌形象、品牌价值、品牌资产、品牌忠诚度、品牌知名度、奢侈品牌、高中低端品牌、品牌延伸、品牌授权、品牌联名、品牌歌曲、品牌 IP、品牌广告、品牌社群等。

你可以看到，在所有这些词语中，品牌都是定语。在汉语语法中，定语常由形容词、数词、名词、代词等充当，但我们可以肯定的是，品牌不是形容词、数词或者代词，品牌是名词，也只能是名词。

我还经常听一些朋友说："我们只拥有商标，但还没有品牌。"言外之意是什么？就是品牌是好的。可这也有问题，如果说有品牌就一定说明你有了强大的、优质的、好的东西，那为什么还会有"强品牌""弱品牌""好品牌""坏品牌"的说法呢？

如果说品牌一定是好的，那就不可能出现"坏品牌"的说法，这等于在说，你有一个坏的好东西，逻辑不通。所以，根据过去我们对品牌的使用习惯看，我认为品牌应该是中性的，不带有褒贬色彩。但所有企业、所有人追求的是打造一个强势品牌、优质品牌、梦想品牌，而不是弱品牌、差品牌、垃圾品牌。大家希望顾客在购买时会优先想起和选择自己的品牌，并且持续地购买自己的品牌，甚至愿意承担更高的价格，愿意原谅品牌犯的错误，成为自己品牌的忠实粉丝，极尽所能地为品牌做宣传。

说到这里，我对"品牌"的关键描述如下：

- 品牌就是产品的牌子。品牌的基本要素包含一实一虚两部分，实就是商品、产品，它是具体的、实在的；虚就是名字、符号，它是抽象的。在日常语境中，牌子就是品牌的名字。
- 品牌是一种虚拟资产，虽然它无法计量，但品牌确实是一些企业最重要的资产。品牌资产指的是所有相关人士对这个品牌的认知的集合，它通常包含了名字、符号、商品（广义的商品，也包括服务、活动、展览会议等）以及与品牌相关的一切具体的要素，也包含了信用、象征、个性、精神、行为等非具体的要素。这些认知通常会给品牌带来正向作用。戴维·阿克是最早对"品牌资产"的概念做出诠释的学者。他在《管理品牌资产》一书中说："品牌资产是指与品牌（名称和标识）相联系的，可为公司或顾客增加（或削减）产品价值或服务价值的资产（或负债）。"我们打造品牌，其实就是在设计和形成全体社会对我们品牌的认知。这些认知越正向，认知越普遍，品牌力就越强。

- 品牌必须有一个名字，有时候，我们甚至觉得名字就代表了整个品牌。它可以没有其他符号，但必须有名字，至少在我的认知范围内，还没有无名字的品牌。名字是我们认知世界的基础，如果没有这个词，我们就不能说出它是什么。如果一个品牌没有名字，就意味着它根本不可描述，也就无人知晓。语言学家曾经在某个当代原始部落中发现这个部落的语言中没有"悲伤"这个词，所以这个部落里就确实没有人知道自己会悲伤。同样的道理，如果一个品牌没有一个"词"代表它、指示它，那这个品牌等于不存在。狭义地说，品牌名就是品牌。

- 品牌必须有一种商品作为其呈现和依附的载体。商品是品牌价值、信任、个性、精神等的载体，如果商品不存在，品牌也就不存在了。如果品牌只有名字，而没有商品作为依附，那我们就会说，这个品牌已经消失、死亡了，尽管它的名字、logo 等大家还都记得。当然，这里说的商品是广义上的，它还包括服务（比如丽思卡尔顿酒店的服务）、活动（比如草莓音乐节）、展览会议（比如北京车展）等。

- 品牌是中性的，而不一定是褒义的。品牌只是一个认知的合集，但不是一定具有积极的含义。比如在培训领域，有一些品牌真的是臭名昭彰，但这不影响它也是一个品牌，只是大家对它们的普遍认知是负面的，它们缺乏正向价值而已。

- 品牌知名度是打造品牌资产要达成的第一要务。没有知晓，就没有品牌，因为知晓是认知的基本前提。通常顾客的购买决策，就是先从头脑中调取一个品类的品牌列表，然后根据自己对品牌的理解和认知进行挑选。

- 品牌资产是由时间积累起来的。你产品质量过不过关，有时候立刻就能够验证，有时候需要几十年来验证，比如《营销笔记》中提到的卡车这个产品。即使立刻能验证品质，你的产品能不能保持恒定的质量，也是需要时间来检验的。而一个品牌讲不讲信用，对顾客态度如何，也都是一个时间现象，时间积累了品牌的认知，也积累了品牌的资产。

- 品牌本质上是一个符号。符号是人类认识世界的基础，也是人类社会运行的基础。我们任何的交流和行动，都要使用和依靠符号。语言就是我们使用最频繁的一类符号。我们看到一个符号，通常会明白它代表的意义，因为符号的意义都是约定俗成的。比如交通信号灯，是人类世界的通用符号，但这个符号，是人类社会规定出来的，并不是红灯天生就具有禁止通行的意义。20年前我们看到"小米"

这个词，我们理解这个符号的意义是一种农作物，但今天这个符号有两种意义，一种是农作物，另一种是一个知名的以手机为主要产品的国产品牌。如果你进一步思考"小米"这个词，你还会想到更多的意义，比如它的创始人是雷军，它早期很便宜，它有很多线下专卖店，它是国产品牌，它有很多种产品，它的风格很像无印良品，它不是很高端但正在向高端努力，等等。但这些意义，不是每个人都知道的，也就是说，每个品牌背后的意义，在每个消费者心中是不同的。我们对品牌进行品牌资产审计，就是要盘点出那些最大多数消费者对品牌的认知。最大众的认知，就是品牌代表的最核心的意义。品牌最后就是一个大众符号，品牌知名度越高，它的符号性就越强。品牌的符号，包括它的名字、标识和其他视觉识别系统。这个符号的意义，是由品牌方和顾客共同努力和互动形成的。

企业品牌力越强，在营销上就越占优势

强势品牌更容易获得顾客的原谅，这是它们的特权。

上一篇我们说到，品牌是中性的，品牌不过是一个认知的集合，品牌就是一个符号，这个符号带有普遍的公共认知的某种意义。

在现实生活中，我们对"品牌"这个词的使用很混乱，比如有人会说"我们的品牌力还不够强"，这里的"品牌"就是中性的。但也有人会说"我们要坚定地打造品牌"，这里的"品牌"就是正面的、积极的属性，因为谁都不会追求一个负面的消极的东西。

所以在解释了品牌的具体特征之后，我在本书的其他部分就采用惯例，认为"品牌就是好的、正向的、积极的，是有价值的"。

那么，品牌有什么作用呢？

对顾客来说，品牌的第一个作用，也是最基本的作用，就是帮助所有人在相同的商品中进行识别。比如在今天的商业世界，在同一个行业是不存在相同名字的品牌的，品牌名就是形成识别的最基本要素。品牌符号也是一个重要的识别要素。

那么形成识别的好处在哪里？所谓识别，就是认识和区别。认识就是认出这个品牌，区别就是把这个品牌和别的品牌区分开。因为每个品牌都是有差异的，都代表着自己的价值。顾客选择一个品牌，是因为他需要这种差异和价值，所以顾客就需要快速识别出这个品牌。识别越简单，顾客付出的交易成本就会越低，交易就越容易达成。

所以品牌的名字通常要好记，logo通常需要简单、易区分，即使有装饰也需要具有特殊性和专属性，以便顾客更好地识别。

品牌对顾客的第二个作用是象征。在人类社会，人是分等级和群体的。古代只有官员才可以穿丝绸衣服，平头百姓只能穿布衣，这就是划分。在品牌的组成要素中，有一个要素就是象征性价值，其中一个象征就是关于身份和阶层的象征。在电视剧《三十而已》中，女主角顾佳参加一个贵太太聚会，发现所有人的包包都是爱马仕，而自己背的是香××，最后合影，她发现自己在别人的朋友圈照片里"消失"了。在这里，包的价格和品牌就象征了一种身份和圈层。

在商业世界中，男老板的身份和地位通常是看车和手表，女老板则看包和珠宝首饰。虽然没有明确的规则，但一个群体或者阶层里通常会形成一种默契。

不仅仅是阶层，还有特殊的圈子，比如在爱好潮鞋收藏的圈子，鞋子就是通行货币或者身份象征。

服装、首饰、住房、汽车、潮玩、餐厅、手机、计算机等，都有一种区别的作用。比如，我们公司是一家看起来比较"新"的咨询公司，服务的客户也以新消费品牌为主（如元气森林、隅田川咖啡、食族人等），我们公司同事的计算机都是清一色的苹果计算机，设计师统一使用大屏幕的苹果台式机。苹果不仅仅是一台台设备，还是一种象征和暗示（至少象征了追求极致）。

品牌对顾客的第三种作用，是提供信任和信用。顾客购买一个产品要承担几种风险，比如质量的风险、财务损失的风险、售后维修的风险等。对一个知名品牌来说，顾客更倾向于相信它的质量是好的，它的售后服务是完善的，如果产品在使用中出现什么问题，这个品牌也愿意对顾客进行赔偿。这就是品牌对顾客的信用。

品牌对企业来说，可以形成营销上的优势。品牌力越强，品牌对企业的价值就越大，在营销上就越占优。具体来说，这种优势具有如下几种作用：

- 对产品性能的认知提升
- 更高的忠诚度
- 不易受到竞争性营销活动的影响
- 不易受到营销危机的影响
- 更高的溢价和利润率
- 涨价时顾客的反应弹性较小
- 降价时顾客的反应弹性更大
- 社会资源的合作意愿更强
- 方便扩大和延伸品牌
- 更容易获得投资

笔记 28

品牌塑造的菱形结构图

> 一个人长什么样、穿什么衣服、做什么事、说什么话，决定了他是谁，品牌也是一样的。

所有讲品牌理论或者方法的书，不外乎包括几部分内容：第一，品牌是什么；第二，怎么塑造品牌；第三，提供工具、方法或者框架；第四，提供可以学习的真实案例。

关于品牌如何塑造的问题，其实最好的学习方式是深入研究品牌塑造的真实案例，这对大部分读者来说是个捷径。尤其是要找到与你的品牌类似的案例进行研究，往往会具有巨大的启发和指引作用。

但这不是一本专门讲案例的书，还是应该讲一下理论框架。用案例推演属于归纳法。人类习惯归纳，看别人怎么干我就怎么干。这样的好处是简单、易上手，也容易理解，但坏处是不能穷尽，不能一生二，二生三，三生万物。演绎法就是用基础逻辑和框架对实现路径进行推演，我之前介绍的 4P 就是一个特别好的营销推演框架。

华与华的品牌三角模型

在我接触的关于品牌塑造模型中，我认为最简洁实用的是华与华提出的品牌三角模型。

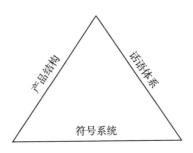

华与华的品牌三角模型

品牌三角模型提出了一个极其简洁的塑造品牌的路径。品牌大师凯文·凯勒在他的《战略品牌管理》中提出了品牌资产的概念，简单来说，品牌资产是消费者对品牌形成的所有认知，包括品牌的产品、名字、口号、符号、形象等，而且这些认知能给企业的经营带来收益。这里我来简化一下，首先，品牌资产是顾客的认知，存在于顾客的脑海和意识中；其次，顾客对品牌的认知包含了物质、形象、符号等多种要素；最后，品牌资产必须为企业带来效益，否则就不是品牌资产，比如可能有些顾客会觉得一个品牌设计得很丑，那这种认知就不是品牌资产。

我们想要建立顾客对品牌的认知，该怎么做呢？这个品牌三角模型就是一个比较完备的结构。

首先是产品结构。

我之前对品牌下过一个描述性的定义，我说品牌必须有一种商品作为其呈现和依附的载体，这个商品也就是产品。当然这个产品可以是物质上的，比如苹果计算机；也可以是一种理论或者方法或者价值观，比如迈克尔·波特的竞争战略理论、绿色和平组织的环保理念。

没有产品，就不会有品牌；没有名字，也不会有品牌。

所谓产品结构，首先是顾客对这个品牌有哪些产品的认知。过去喜茶只有奶茶，现在还有面包和甜品；戴森则从吸尘器发展出了干手器、吹风机、空气净化器等产品系列。有些品牌的产品结构比较简单，比如喜茶；有些品牌的产品结构则比较复杂，比如3M，除了我们熟知的口罩产品，业务方向还包括通信、交通、工业、汽车、航天、航空、电子、电气、医疗、建筑、文教办公和日用消费等诸多领域，生产的产品种类多达6万多种。

产品不仅仅有功能上的使用价值，还有感官上的体验价值。精美的商品包装、舒服的面料触感、艺术范儿的外观设计、庄严尊贵的酒店大堂、服务员的热情等，都是体验。产品的功能和质量，以及使用体验和心理感受构成了消费者对产品的感受。

其次是符号系统。

符号系统的主要任务是解决消费者的识别问题，就是要让消费者认识这个品牌。有个比喻可能不是很恰当，但是很形象。比如，我小时候生活在农村，我晚上走路回家，离家门口还有好远，我们家的狗就知道我回来了，它能通过我走路的声音和节奏迅速识别出我来。你想，如果一个消费者能在纷繁芜杂的品牌群体中快速识别出你的品牌并找到这个商品，你营销的效率是不是就非常高了？

品牌的符号包括品牌名字、logo、感官符号、色彩、产品包装等消费者通过看、听、触能识别出品牌特征的所有元素。为了让消费者能够快速识别品牌、记住品牌，企业就需要为品牌设计显著、易记的品牌符号。比如麦当劳，它的品牌标识就是一个金色的 M，为了让消费者能够快速地识别它，麦当劳餐厅的装修会把这个 M 铺排得更大、更显眼。当然消费者也可以通过麦当劳叔叔的形象、餐厅颜色、汉堡的包装、外卖的袋子、外卖专送车辆等识别麦当劳。

最后是话语体系。

话语体系包括的内容非常多，比如产品的命名体系，企业的文化、理念、价值观等固定内容，也包括日常广告和传播的大量内容。

产品是物质（或者服务）的，由企业制造生产，解决的是功能和体验的问题；符号是由企业设计出来的，解决的是顾客识别确认和感受的问题；话语体系简单来说就是内容，解决的是顾客对品牌认知的问题。

所谓认知，就是消费者不仅可以识别出你的品牌，还对你这个品牌的其他方面有所了解，也就是消费者具有更多的关于品牌的知识。

比如麦当劳，消费者可能知道它是一个全球西式快餐连锁餐厅，还是全球第一快餐品牌；知道它的主打产品是汉堡，最经典的产品是巨无霸；知道它味道不错，价格亲民，干净卫生，充满欢乐，门店 24 小时营业，可以去里面上厕所，有甜筒卖，有儿童餐，是高热量食品，还有许多儿童玩具，等等。消费者也许还看过与麦当劳有关的广告、视频、新闻报道、社区活动等。所有这些都构成了消费者对品牌的认知，也就是他们具有的关于品牌的知识。

消费者对品牌的认知中还包括品牌的形象、象征和消费者的族群特征。比如沃尔沃就是相对低调的高知人群的座驾，这类消费者在购买沃尔沃的时候，会判断这个品牌适不适合自己。

为了帮助消费者对品牌形成更加丰富的认知，企业要做的主要是根据消费者认知内容的轻重缓急来设计创造内容（帮助消费者对品牌进行了解的多种内容形式）并进行传播。这些内容包括但不限于广告、短视频、公众号、新闻报道、店内宣传等。

品牌想要顾客认知到什么，取决于具体的环境和时间节点，以及企业的目标。

我们有一个客户，总部在英国，由一对夫妇创办，他们夫妻一个是英国人，一个是中国香港公民，这个品牌的中文名字叫小皮，主要做有机婴童食品，从2017年开始到本书成书时一直就是辅食泥品类的第一名，也是婴幼儿辅食品牌的头部品牌。2015年小皮进入中国市场后，主要通过母婴KOL传播它对食材精心挑选的态度（由创始人亲自筛选的欧洲有机农场供应商）。再后来，小皮会传播自己的欧盟有机认证和标准，纯正英国进口，营养丰富搭配，科技锁鲜技术，父母之爱的品牌价值观，等等。

新生内衣品牌蕉内从一开始就宣传自己对内衣基本款的重新认知，并通过设计、模特、文案等表达出自己的创新态度和年轻潮流的调性。

同样是奶茶，书亦烧仙草的口号说"半杯都是料"，因为这个价位的奶茶，大家更多关注的是产品价值。而喜茶则会强调自己是"灵感之茶"。喜茶不仅强调自己的奶茶品质和价值，还强调自己做茶的态度。

顾客对品牌认知的层次

既然品牌资产就是顾客对品牌既有认知的总和，那么顾客对品牌的认知具体包括哪些内容呢？

顾客对品牌的认知有三个层次：认识、认知和认同。

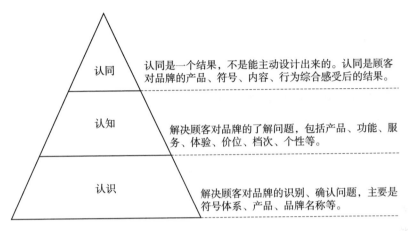

顾客品牌认知"金字塔"

第一个层次是认识。

认识，就是顾客要能快速确认这个是你的品牌，而不是别的品牌。顾客想找一家7-11便利店买东西，他会在大街上四处张望，当他看到附近有一家便利店，门招有三条红、橙、绿的条纹时，他基本就能确认，这是一家7-11的便利店。

品牌设计一个logo，设计一个独有的花纹，设计自己的品牌颜色，以及品牌的名字，都是为了顾客能快速识别和找到这个品牌的产品。有些品牌的顾客，还会热衷于同好或者同类的感觉，他们以使用和热爱同一个品牌为荣。这就需要你使用的品牌能被快速识别，从而让你快速划分不同的群体。比如吉普就有自己的粉丝群，他们常常组队去越野或者探险，吉普的粉丝也互相认同和分享各自的经验。一件带有吉普标志的衣服，可能就是他们的圈子标志。开一辆吉普上路，在路上就有可能找到同好。所以品牌的设计，最初的功能就是为了区分不同品牌。

第二个层次是认知。

所谓认知，就是了解。这就像你们单位刚来一个同事，你知道了他的名字，还知道他长什么样，你就认识了他，把他和别人能区分开，但是你可能并不了解他，他的性格、学历、生活经历、工作履历，以及他的能力和爱好，等等，你都不知道。

品牌也是一样，你第一次见到一个品牌，记住了品牌名和品牌的符号，但你并不了解这个品牌。它产品设计得好不好，质量是不是稳定，企业实力如何，售后服务怎么样，技术实力强不强，对顾客讲不讲信用，未来怎么发展，有什么独特的个性，等等，你都不知道。

通过品牌的广告、行为和各种传播，你会慢慢了解这个品牌。我们为品牌设计的各种推广活动，就是为了让顾客更详细地了解这个品牌。

顾客对一个品牌的了解，需要通过内容、行为和时间来获得。

第三个层次是认同。

顾客认识了一个品牌，之后又了解了一个品牌，他就会对这个品牌产生一个印象，所以顾客对品牌的认同是一个结果。顾客对品牌的认同感越强，就越容易购买这个品牌的商品，并成为品牌的粉丝，然后更多地向别人推荐，品牌出了问题他也会更容易原谅这个品牌。

顾客的认同不是设计出来的，而是顾客基于对品牌的长期使用和了解产生的一个结果。

不过，我个人的感受，既然品牌资产就是顾客对你的认知，那除了符号、话语和产品，还有什么是顾客可以借此认识你的？我认为还有行为，就是这个品牌所有可见、可知的行为。为什么三顿半会搞一个"返航计划"而不是别的咖啡？为什么喜茶跟FENDI（芬迪）推出联名产品就会火？为什么椰树牌椰汁要在抖音直播间里找一群肌肉男跳舞？这些都是品牌的行为。而这些品牌行为形成了顾客对这个品牌的认知。

所以在打造品牌的战略三角模型基础上，我认为可以加上"品牌行为"这个要素，这样就会形成一个品牌塑造的菱形结构图。

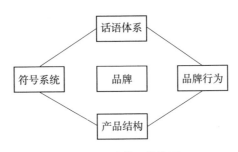

品牌塑造的菱形结构图

最后我整理了一下通常顾客对品牌的认知，也就是所谓的可以坚持做、可以描述的品牌资产类型，供你参考。

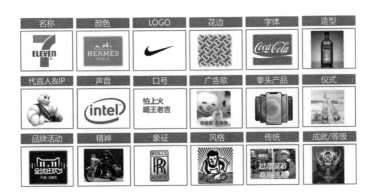

笔记 29

用次级品牌杠杆创建品牌——
顺丰包邮背后的品牌原理

近朱者赤，近墨者黑。

先从一个小的商业现象说起。

我经常会遇到一些朋友给我推荐一些新产品，在讲完这个产品的各种优点之后，还不忘补一句："他们家是顺丰包邮的。"这个顺丰包邮其实就是一种"次级品牌杠杆"，也是创建品牌资产的方法之一。

所谓利用次级品牌杠杆创建品牌，就是借用另一种资产来强化企业自己的品牌，而这种资产对企业品牌形象的提升是正面的。可以利用的次级品牌杠杆有很多种，我结合一些例子来讲讲。

公司与品牌

一个享有盛誉的公司具有天然的品牌资产，不仅仅是信用、声誉，还有联想、形象、性格等特征。如果你能有效地使用这个背书，就能在新品牌推出时快速建立信任并且为你的品牌资产升值做出贡献。

我曾经拜访过一个客户，叫"烧范儿"，它是做整切腌制牛排的，它在电商的介绍中就有"必胜客同品质"的文字。这就是用了一个次级品牌杠杆，用必胜客来为它背书，把必胜客的品牌信誉直接嫁接到自己的品牌上。为什么可以这么用？因为烧范儿是百胜中国出品，与必胜客和肯德基同属于一家餐饮集团。这种品牌背景也让烧范儿在开辟渠道的时候减少了很多阻力，比如他们找头部网红做直播带货就比较容易。

我们也会看到有些新品牌常常会这么标榜：获得顶级 VC（风险投资）×××投资。这也是一种用投资机构品牌背书的次级杠杆。

地区与国家

一个地方或者国家往往会带有某种品质或者精神方面的联想，所以品牌常常会用这些地区与国家来佐证自己的品质，形成品牌联想。

我曾经参与的一个小米生态链企业贝医生，其手动牙刷的刷丝采用的是日本东丽磨尖细丝（东丽公司是磨尖丝的发明者）和德国进口的 Pedex 螺旋刷丝，日本和德国的产品品质享有盛誉，而且也有优质和精密的联想，所以在产品介绍时就会着重介绍。

比如大米，黑龙江省五常市是目前中国最著名的优质大米产区；说到好苹果，就是甘肃天水、新疆阿克苏、山东烟台等；优质牛奶，那往往是来自新西兰；好的榴莲，那就是马来西亚；好的手表，非瑞士莫属；知名葡萄酒，就是法国波尔多；瓷砖的设计和制造，最好的都在意大利；许多新兴酱香型白酒品牌，都将茅台镇作为自己的生产基地，也是利用了"茅台镇产好酒"的大众认知。

成分品牌

成分品牌有两种，一种是原材料或者元器件品牌，它们本身是 to B 的企业，不面向消费者，比如杜比降噪、特氟龙涂层、YKK 拉链、英特尔 CPU（中央处理器）、高通骁龙等。这种成分品牌，本身就代表了一种品牌价值，所以使用这种原材料或者元器件的品牌，会特意标注出来。

还有一种成分品牌本身就是一个消费品，比如奥利奥就经常被一些冰激凌、甜品、奶茶等用作原料；新西兰安佳牛奶，也是好一点的奶茶品牌选用的原料；老乡鸡早年宣称自己的鸡汤用农夫山泉熬制，这些都是一种次级品牌杠杆。

如果一家餐厅强调品质高、信得过，那就可以考虑把自己的原料品牌放大到一面墙上集中展示，比如油是鲁花花生油，肉是网易黑猪肉，等等。

华为手机与徕卡的合作，可以算是成分品牌案例的经典，也为华为手机赢得了"拍照好"这样的品牌形象。

广告位、渠道和物流等

你可能会有疑问，广告怎么会成为次级品牌杠杆？

注意，我说的是广告位，不是广告。在广告投放中有个说法，叫作"渠道即信息"，它来自马歇尔·麦克卢汉的《理解媒介》，就是你投放什么渠道，渠道本身就能发出一种信息。

你如果想打造一个奢侈品或者高端品牌，就不应该选择那些普通商超作为渠道，你在北京就应该选择 SKP，上海应该选恒隆。历史上，CK 曾经起诉过它的一个经销商，因为该经销商将 CK 铺到了开市客和山姆会员店这种超市渠道，CK认为在这种渠道销售损害了CK的品牌形象。

小皮婴幼儿辅食在天猫店的介绍中就展示了自己在英国玛莎百货商店销售的信息。同时，它的天猫店是顺丰包邮，以此来彰显品质。

餐饮品牌中，为了获得品牌的高势能，有些品牌第一家店就开在北京三里屯或者上海恒隆，这就是用渠道展示自己的品牌实力和定位。当然渠道本身也要考虑自己的品牌定位，比如华贸这样的渠道是不允许普通品牌进入自己的渠道销售的。

明星、名人、节目和赛事

明星和名人本身具有强大的品牌影响力，借用名人、明星的本质，就是将名人、明星的信誉直接转移到自己的品牌上，节目和赛事也是一样的。

当然这个选择是双向的，因为品牌本身也会影响名人和明星。比如一线的明星在挑选代言品牌的时候就非常谨慎，一些形象不够高级、知名度不高的品牌即使给再多代言费，他们也不会接受。

可以成为品牌超级杠杆的元素还有很多，比如机构认证，像FDA（美国食品药品监督管理局）、ISO（国际标准化组织）等就是著名的认证机构。

比如创始人的背景。许多新创品牌还会着力宣传自己的创始人毕业于哈佛、耶鲁、清华、北大等名牌院校，或者是高盛、谷歌、阿里巴巴、华为高管出身。

比如品牌授权。如果你认为从零开始打造一个品牌太难了，可以通过拿到一个品牌的授权来开始自己的经营。比如修正药业就授权了大量的养生食品品牌在天猫经营，南极人、猫人、钓鱼台（酱酒）等都有这种品牌授权的经营方式。

比如各种奖项。家具或者家电品牌会炫耀自己获得的红点设计大奖，食品行业也有世界食品品质品鉴大会，广告行业有戛纳国际创意大奖，等等。

另外，像中检溯源这种证明产品品质的元素也会被印在包装上。你也可以想一想，还有没有其他能作为次级品牌杠杆的元素。

笔记 30

品牌定位是一种认知

有一个叫拉里帕西的人做了一组啤酒品尝实验，他首先选定了 6 个品牌的啤酒，然后随机找顾客进行实验。

他把顾客分为两组。第一组，他并没有告诉他们所喝啤酒是什么品牌的，然后让他们说出品尝这杯啤酒的感觉。第二组，他会提前告诉顾客每一杯啤酒是什么品牌，然后请他们说出品尝这杯啤酒的感受。

结果很有意思，第二组顾客能准确地说出不同啤酒的差别，而第一组顾客对每一杯啤酒的感受差别不大。

结果如下图所示，可以看到，只有健力士黑啤酒在盲测时口感有明显差异。关于健力士，这里还有一个故事。因为健力士啤酒的酿造方法确实很不一样，这种酿造方法导致的结果就是，它的啤酒泡沫特别丰富，如果要喝最好是等到泡沫不多的时候再喝。

所以健力士啤酒的品牌就有一个宣传口号：好东西值得等待。它还明确宣传说你倒完一杯健力士啤酒，要等待 59 秒饮用才是最佳风味。这就极大突出了健力士啤酒的不同风格和差异性。

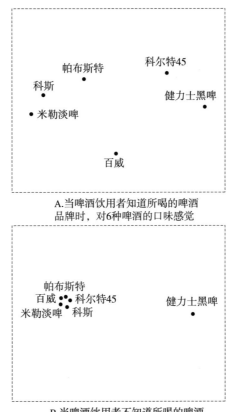

A.当啤酒饮用者知道所喝的啤酒
品牌时，对6种啤酒的口味感觉

B.当啤酒饮用者不知道所喝的啤酒
品牌时，对6种啤酒的口味感觉

啤酒口味随机测试结果

　　这个实验得出的一个结论，就是大部分消费者是无法区分绝大部分品牌啤酒的差异的，他们品尝出来的差异，是品牌的宣传和他们拥有的品牌知识。当然我相信，这些啤酒的口味确实有差异，但是还达不到让普通消费者分辨出来的程度。这时候，反而是品牌日积月累的宣传带给了消费者不同的口感，这是一种诱导。

　　我相信极少数老练的啤酒客或者咖啡爱好者是可以分辨出不同品

牌之间的细微差别的，但大部分消费者对某些产品的差异不具备分辨能力。那为什么在告诉顾客品牌之后，他们可以清楚地分辨出各个品牌啤酒的口味呢？那是因为他们心中拥有这个品牌的认知，而这些认知是在品牌的宣传中使用的内容。一旦拥有这些品牌认知，他们在使用产品时就有了相应的反应。

如果某个品牌的产品是一种无差别产品或者是一种无法准确衡量质量的产品，比如红酒、啤酒或者碳酸饮料，那么品牌的宣传通常会说自己的历史、文化、态度或者很难量化的口感差别。

当然品牌的宣传也可能是想塑造一种形象，当品牌持续展示这种形象或者象征的时候，这种形象和象征就与这个品牌的产品绑定了，而这种绑定其实是消费者意识中的绑定，已经成为消费者对这个品牌的固有认知了。万宝路香烟就是一个非常典型的例子。

万宝路早期的定位是女士烟，消费者绝大多数是女性。它当时的广告口号是："像五月天气一样温和"。但定位在女性香烟，并没有为万宝路创造奇迹，最后以失败而收场（20世纪40年代停产）。二战后万宝路重新开始生产，依然聚焦在女性身上，但经营依然不见起色。

后来万宝路的广告代理公司李奥贝纳提出了一个大胆的计划：将万宝路香烟定位为男子汉香烟，变淡烟为重口味香烟。基于这个产品定位，万宝路的广告就不再以妇女为主要诉求对象，而是强调男子汉气概，于是西部牛仔成为万宝路广告的主角。其实这就是一种暗示，暗示万宝路的消费者就是一群粗犷、豪迈和具有英雄气概的男人，而这也是绝大多数美国人崇尚的男人形象。

万宝路改革后的广告

这就是品牌对消费者的一种诱导，广告的形象变了，顾客的认知也就变了。广告形象不断坚持，顾客对品牌的认知也就不断强化。

一个品牌代表了什么形象，我们从它的广告中就可以看出来。

瑞幸咖啡早期的广告，邀请汤唯和张震作为代言人，就很好地体现了瑞幸咖啡的品牌调性：文艺中不乏潮流时尚。蕉内的广告则体现了特立独行的风格和决不妥协的品质要求。

当然，有些品牌的认知是通过广告对顾客发生作用带来的，有些则是产品直接带来的。有些品牌的商品，即使顾客没有品牌的相关知识，他们也能立刻分辨出不同。比如一个从没有用过苹果手机的顾客，他第一次使用苹果手机的时候，也能感受到苹果手机的不同。再比如三胖蛋原味瓜子，因为三胖蛋掌握了从种子到种植和挑选炒制的全部核心技术，其瓜子质量、口感是其他品牌无法复制的，顾客在吃过三胖蛋瓜子之后会立刻感受到它的与众不同之处。所以这种认知，即使品牌不宣传，顾客也能感受得到。

　　品牌资产，就是顾客对品牌认知的总和，而顾客的认知，是可以通过宣传和产品体验两方面获得的。品牌资产的建设，一是要强化产品本身的质量和独特性，打造出拳头产品；二是要在宣传推广中不断重复和强化我们想要用户形成的认知。

笔记 31

我们究竟应该怎么做品牌

　　马甲线不是一天就能练出来的，品牌也不是一天就能做出来的，只要你坚持做，你的品牌就会影响越来越多的人，品牌力也就慢慢出来了。

　　本书已经接近尾声。

　　与《营销笔记》合起来，这两本书算是比较完整地向你展示了营销的全貌，以及关于品牌的一些概念。但是读完这两本书，你真的对怎么做营销心里有数了吗？你是不是还会重复过去一直迷茫的一个问题：我们该怎么去做品牌？

　　你可能已经读了一些书，甚至花巨资上过一些"知名营销咨询大师"的课程，可依然对怎么做营销、怎么做品牌无从下手，感觉千头万绪，不知道怎么理顺这个逻辑。如果这两本书也没能帮你搞清楚这些问题，那该怎么办？

　　我想最后跟你聊聊这件事，算是我个人的最后一丝挣扎，看看能不能教会你怎么做品牌和营销。

首先，我告诉你，这很正常，读完一本书觉得脑子里还是一片空白，这是大多数人的状态。相信我，你并不孤独，世界上和你一样的读者非常多。那为什么会出现这种情况呢？就是因为你没有完整经历过一个品牌从诞生到发展再到死亡的全过程，这种事没有亲身经历和体验是很难学会的。

我今年47岁了，完整地经历了小时候在农村吃大锅饭、联产承包责任制、改革开放；有幸在1994年考上了西安交通大学，毕业后经历了互联网大潮，在中石化这样的大公司工作过，也在仅有5个人的小公司待过；我创业过3次，经历过公司上市，曾经拥有过市值几千万元的股票；我结了婚，有了孩子，我自己最后又创办了小马宋战略营销咨询公司；我在40岁以后体验到了体能的下降，我知道熬夜对我来说非常难受。我经历了那么多事，好处在哪里呢？对我来说，许多人现在所处的阶段，我都经历过，我知道最后的结果是什么，那我就很容易知道事情的走向是什么。但没有走过这些人生旅程的朋友，他在某个时间点就会很痛苦，以为那是天大的事，其实过来人都会告诉他，没啥大不了的，再过十年回头看这都是小事。但你无法劝说当时的那个朋友，比如他失恋了，你知道一个人很快就会走出失恋的阴影，但他不这么想，他还是要经历反复的痛苦，直到最后摆脱失恋的痛苦。有人被骗了，有人跟合伙人闹翻了，有人股票损失了几百万元，有人无法管理自己的员工，他们都会很痛苦，但这些我都经历过了，我就有经验，我可以非常友好地告诉他们，这些你们该怎么去处理。

下面，我们就来聊聊我最常遇到的一些问题。

我们该什么时候开始做品牌？

其实，这个问题并不存在，一个企业只要有了一个品牌名，注册了一个商标，生产出相应的产品并开始销售，你就已经在做品牌了。

我讲过品牌塑造的菱形结构图。首先，你有了一个品牌名，这就是话语体系中最重要的元素，你也或多或少设计了一些销售话术、推广内容，这都是话语体系的内容。你有了一个产品（或者服务），或者有了一系列的产品，那你就形成了你的产品结构。有产品，有名字，按照《新华字典》的定义，"品牌就是产品的牌子"，你不就拥有了一个品牌吗？

为了销售或者推广你的产品，你做了包装，设计了 logo，做了一系列推广活动，这就有了符号系统和企业行为，塑造品牌的四个要素你都做了，那你不就是在做品牌了吗？

我当然知道，你可能觉得你的品牌还不够响亮，没有影响力。

其实，买过你产品的消费者，他们对你的品牌是会有印象的，他们知道你品牌的名字，认识你产品的包装，也知道你的产品好不好用，使用体验怎么样，他们也许还看到过关于你们品牌的报道和相关内容，只是了解你们品牌的人还不够多而已。

所以你不是没有做品牌，而是你的品牌做得还不够好。

但是马甲线不是一天就能练出来的，品牌也不是一天就能做出来的，只要你坚持做，你的品牌就会影响越来越多的人，这样你的品牌力不就慢慢出来了吗？

一个创业公司前行的路总是磕磕绊绊，很少有公司会完全策划好了，然后按照设计好的步骤向前推进，因为很多情况是你无法提前预想到的。

我们该怎么系统地做品牌？

也经常有客户问我，我们该怎么系统地做品牌？这个问题与上一个问题是类似的。

本质上，一个初创公司不存在系统地做品牌这件事。品牌是企业经营过程中一点一点做起来的。因为至少你有个品牌名，有自己的商品，这些基本要素有了，消费者就会认识你、了解你。椰树牌椰汁的老板也许从来没有请过专业设计公司去做视觉识别系统的设计，但是它的包装有足够的识别度，形成了自己的视觉风格，有自己独特的企业行为和推广的话语体系。如果我给你设计一个像椰树牌椰汁那样的包装，你肯定不会接受，觉得太低端了。但椰树牌椰汁就是一个神奇的存在，它有完整的品牌资产，符号系统、话语体系、产品结构、企业行为都是独特的，让人记忆深刻，这叫"做品牌"吗？当然是。

而且公司经营千头万绪，每年重点把一件事做好、解决一个问题就很不错了，没有必要纠结怎么系统地做品牌。即使是我们服务的客户，也是在品牌基础资产设计完毕后，一件事一件事地去做，每年做好一两件事，慢慢地把品牌塑造起来。

做品牌一定要投放广告吗？

这是许多企业老板迷惑的一个问题。其实，一个知名品牌未必做很多广告，因为每个企业、每个品类、每个市场环境都是独特的，不存在做品牌就一定要投放广告这件事。

香格里拉是全球知名的酒店品牌，你见过香格里拉酒店的广告吗？几乎很少看到，是不是？因为它是知名酒店品牌，可以不做广告吗？可酒店品牌的后起之秀，比如亚朵，也不做广告呀。

餐饮品牌很少打广告，它们通常只在自己所在购物中心做一些吊旗或者户外海报的广告。通常打广告比较多的就是肯德基、麦当劳这种全球性大众餐饮品牌，但是这种品牌非常少。

再比如，大米做广告对消费者的影响是很小的。

律师事务所也很少有广告，但是我们知道律师事务所中也有比较著名的品牌，比如大成律师事务所。

有些公司是靠自己的产品来传播，有些公司靠客户口碑来传播，有些公司靠广告，有些公司只靠渠道就可以。行业不同，公司情况不同，你能采取的手段也就不同。如果有个咨询公司告诉你，做品牌必须打广告，那它要么是真的不懂企业经营，要么就是在忽悠你。

正确的做法，是根据企业的具体情况，设计可行的推广方案，但这个推广也未必就是做广告。一家初创企业，可能没有很多资金去做推广，这时候看重即时的销售就更重要。所以企业要更多地投效果广告，也就是可以立刻看到回报的广告，因为你不关注广告的回报，公司很快就关门了。在企业有一定经济实力的情况下，做一些传统的广告（非效果广告）宣传是可以的，而且也要在自己的承受范围内。什么叫承受范围内？就是这个广告投了之后，短期内没有任何效果你也能接受。你要相信，投放任何广告都会有效果，只是这个效果不知道什么时候发生，所以在你有余力的情况下去投放广告，这很重要。

扫码收藏本章金句

番外篇

人无我有，人有我无

我们常常听到这样一句话，叫"人无我有，人有我优"。这句话我最早听到是在 20 世纪 90 年代，我看报纸上有许多采访企业家的文章，这些企业家都会讲这句话。

这句话有道理吗？确实有道理，但它有适用条件。其实 20 世纪 90 年代初，国内的商业竞争还不是特别激烈，我们甚至还处在一个物资相对匮乏的年代，你做得跟别人不一样，做得比别人好一点，真的会有很大的竞争优势。

但是今天，我们处在一个物资丰饶的时代，这句话就不能原封不动地照抄。

战略设计的一个重要目的，就是创造差异化并且形成壁垒。怎么才能形成壁垒呢？就是要集中优势兵力，做透一个方向。从这个角度来说，我们的战略设计应该做的不是"人无我有，人有我优"，而是"人无我有，人人有我无"。

这里的重点不是说你不应该"人无我有，人有我优"，如果你能做到，当然很厉害，你也能形成竞争优势。但问题是，别人没有的你都有，别人有的你做得更好，你不是不应该这么做，而是因为你根本就做不到。

所有的竞争都是在资源有限的情况下进行的，既然资源有限，那就必然需要选择和取舍。你只有集中优势资源去发展你最擅长、最具特色的方面，你才能在一个方向上甩开对手。当你追求在所有方面都超过对手的时候，实际上你就是选择了一个不可能完成的任务。

所以记住这个逻辑关系，不能这么做，不是不应该，而是因为你做不到。

比如奶茶这个行业。蜜雪冰城就追求成本最低（带来了价格最低），它最厉害的地方就是价格。但因为追求成本最低，它就不能苛求所有方面都做得好。它没办法做得很好喝，因为所有产品研发都要考虑成本，所以它只能做到相对好喝，价格绝对低。

茶颜悦色的服务好，那它就把这个做到极致，极致到同行无法模仿的地步。其实同行也不是无法模仿，而是要模仿的话，就要放弃很多别的东西。比如茶颜悦色必须靠直营才能保证这种服务质量，它就放弃了通过连锁加盟模式实现快速扩张这条路线，同时它的人员成本也比较高。

在确定战略方向的时候，你最不应该做的就是：什么都想要。

我们做过母婴品牌白贝壳（Babycare）的咨询。在做用户调研时我们问顾客为什么选择白贝壳，我们得到最多的一个回答是，他们家东西好看，有品位。而为了把自己家东西做得好看，白贝壳全公司拥有300多个设计师。它的东西不是不可模仿，而是想做到同样高的水平，需要雇用太多的设计师，同行会觉得不划算。

人无我有，人有我无，不是一个绝对正确的道理，而是一个考虑战略时的思考角度。

找到一个方向，在这个方向上投入重兵，重到别人无法模仿的程度，你就有了取胜的可能。

少年大卫主动请缨去迎战巨人歌利亚，面对全副武装、手持利刃的重装巨人歌利亚，大卫拒绝了扫罗首领给他的盔甲，丢掉了锋利的长剑，因为他知道即使他穿上盔甲，拿起长剑也没用，还会让他行动更加迟缓。

大卫只带着五块光滑的鹅卵石和投石的工具，他用鹅卵石击中了歌利亚的面额，用短刀割下了巨人的头颅。

大卫并不懂战略，但大卫知道应该怎样做才能赢。

人无我有，人有我无。

海底捞服务好，巴奴毛肚火锅能不能服务比海底捞好，火锅还能更好吃？理论上是可以的，但商业实践中这几乎不可能，所以服务不是巴奴的特色，菌汤和毛肚才是。

如果是力量悬殊的对抗，你当然可以在任何方面强过对手，但面对这样的对手，其实你已经不需要对抗了。那些实力相当的对手，你又怎么能全面强过他们呢？所以你只能在某些方面超过对手。

而且，一切巨人皆有弱点，这就是你可以获得优势的地方。商业世界，有趣的地方正在于此。

一个咨询公司的经营逻辑

按语：这篇文章发表在 2021 年 2 月 28 日，恰逢小马宋战略营销咨询公司成立 5 周年。我去采访其他企业的经营情况，主要还是通过观察并与客户接触来获得内容。我认为我写的这篇文章除了真实，还特别有实践精神。

2 月 28 日，除了小马宋的员工，不会有人觉得这是个特殊的日子。

但对我们来说这是意义非凡的一天，因为从 2016 年 2 月 29 日到 2021 年 2 月 28 日，公司 5 周年了，照例，我写一写这一年来的思考。

早些年的时候，公众号自媒体还很热，许多自媒体拿了投资，也有许多人发了财。有一位做自媒体的朋友觉得我很亏，因为我赚到的钱远远比不上我的名气。从某种意义上来说，他说得对，因为那时候的公众号大 V 确实可以通过很多手段赚钱，而这些赚钱方式，我一个都没有做。

不是我不想赚，而是有几个原因：第一，我不擅长做这些事（比如搞收费社群）；第二，我觉得我提供的价值不够，比如搞新媒体培训；第三，我觉得有些事可能不会长久，比如公众号广告，属于高开低走。因为那时候我就觉得公众号是在走下坡路了，我个人也没有能力把公众号做得越来越好。

所以在 2016 年，我选择去做企业咨询（早期是想做广告，但是整体业务变动不大，详情不赘述了）。我为什么会选择做咨询呢？也有几个原因。

第一，我在做自媒体阶段，已经陆续为几家企业做过咨询服务（早期是以顾问的方式开展业务），有一定的业务基础，所以让公司起步并不是很难。

第二，如果从个人顾问算起，咨询这个行业已经有千年历史了，而在我可预见的未来上百年内，它大概率会继续存在。如果我做公众号或者抖音之类的，我不知道它们什么时候会消失，但我比较确定它们没有咨询这个行业持续的时间长。

既然这个行业命比较长，我们就可以慢慢做，试着为世界留下一个百年企业。

第三，这个行业不是强运营、强效率主导的，不需要像外卖行业一样把送餐时间精确到分钟，也不需要像制造业那样管理大量员工，更不会像餐饮行业一样处理各种琐事杂事。不是说别的行业不好，是我不会，不擅长。

第四，这个行业有优点，必然就有缺点。缺点是没法快速做大，优质咨询师的供应链非常稀缺（国内整个营销咨询领域前十名的企业加起来从业人员不超过 1000 人）。不过这都是我可以忍受的缺点，不能快速做大，我们就慢慢做好了；人才稀缺，我们就慢慢找，并且能把优秀人才留住，这样不就会慢慢做大吗？

这跟我的性格有关系，所以说选择行业没有对错，只有合适与否。

2020 年，咨询、广告、公关行业并不好过，不过对小马宋似乎没太多影响，甚至在真正营业时间只有 7 个月的情况下，我们依然取得了 50% 以上的增长。

而且这个 50% 的业务增长还有个前提，就是我们公司的个人顾问业务在 2020 年清零了（2019 年，我个人做顾问的业务量占了公司业务量的 30%），这一年我们做的全是企业的营销咨询业务。

是因为我们越来越有名了吗？其实并没有，我看微信的搜索指数，"小马宋"这个指数并没有什么大的变化，我公众号的阅读量似乎保持着稳定而略微下降的趋势，我也放弃了半年时间在抖音积攒的 20 多万粉丝，不再更新了。从对外制造影响力的角度来看，我们似乎并没有大的长进，但我们确实在过去一年逆势增长了。

今年（2021 年）公司年会的时候，我分享过对我们业务的思考：我们从业务量来看依然是个小公司，但比较确定的是我们找到了咨询公司业务增长的飞轮。我还画了一个营销咨询公司的增长飞轮图。

这是一个看起来非常简单的逻辑和道理。

只要我们提供真正有效的方案，客户就会成长，成长的客户会成为成功的案例，成功的案例会吸引更多的客户，更多的客户就会有更多的成功案例。同时，我们服务的客户越多，我们在咨询过程中积累的知识和经验以及形成的工具就越多，这就进一步增强了我们做出成功案例的能力。成功的案例不仅会吸引更多优质品牌的客户，还会吸引更多优秀的人才，这也进一步提升了我们提供有效方案的能力。然后，一个新的增长飞轮就开始转动了。

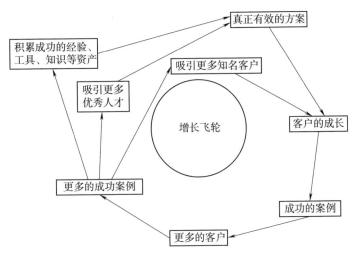

营销咨询公司增长飞轮图

是不是很简单？

但真正做起来其实非常困难，这就像减肥的道理听起来很简单一样：少吃，多动，但减肥成功的概率并不高。

当我们明白了这个道理，而且坚信这样做是正确的、可行的，是通向必然的，那在整个公司的运营中，所有的经营业务都服务于这样一个理念就好了。

所以我们采用了和大部分咨询公司不同的做法，而这些做法都是围绕这个信念建立的。

第一，我们深信为客户提供真正有效的方案是第一位的，也就是客户的利益为先，所以我们能忍受前三年许多业务的诱惑，因为我们不能在人力不够、能力不够的情况下接这些业务，即使它们能给我们带来很好的利润。

第二，要找到更优秀的人才，所以我们一直对招人非常谨慎。我们在招人上有个原则，哪怕没有人做业务，我宁愿推掉这个客户，也不会因此降低招人的标准，因为人是这个行业做出好方案的根本。

对于新招聘的员工，我们在三个月试用期内要尽量考察他们的思考能力、主动性、合作能力等，如果觉得不合适，我们会补偿一个月的薪水请他们走人。

第三，有些初创企业或者成熟企业的新项目来找我们合作，我们会根据自己的经验判断这个项目的问题，如果成功概率很低，我们会诚实地告诉客户，这个最好不要做，浪费钱。过去一年，大概有四分之一找上门来的客户被我们劝退或者他们干脆放弃了自己的项目。

我们主动放弃一些送上门来的业务，一个核心思考就是永远站在客户利益的角度考虑问题，这样即使不成交，客户有了新的业务，他们也是会回来找我们的。

第四，在人员配置上，我们公司除了咨询师就是设计师，没有客服，没有业务人员。因为产出方案的是咨询师，不是客服和业务人员，所以我们不需要浪费精力在客勤关系和寻找业务上，我们的精力都放在服务客户身上。

许多公司把主要精力用在跑业务上，我们则相反，我们把主要精力放在服务客户上，好的口碑会自动带来更多业务，所以我们获取业务的模式是不同的。

这些省下来的人力成本，我们把它用在雇用更优秀的咨询师和设计师身上。

第五，我们从不参加投标和比稿，即使在公司最弱势、最困难的时候都坚持这样做。比稿的逻辑是好几个公司去竞争一个业务，但这里有个问题，就是你需要花太多精力去准备提案，而调研和提案本身是我们咨询工作中最重、最耗费精力的工作。那我们为什么要把精力花在一个不确定的项目上面呢？所以我们不比稿，我们把所有精力花在现有客户身上。

我们不仅不比稿，也从不行贿，从不给回扣。行贿和回扣本身就是一种经营成本，甚至还有潜在的法律风险。我们靠认真努力工作获得回报，而不是靠商业贿赂获得业务，这样我们又省下了不少成本。

第六，我们的业务要求客户必须是能拍板的高层（最好是大老板）对接确认。有些广告公司，一年到头特别忙，其实过了一年往回看，却没有什么成果，很多时候就是因为来回修改返工太多了，市场经理、总监、营销副总经理等每人都提一次意见，反复修改，到了大老板那里又要重做。

我们要求对方能拍板的高层必须第一次提案就参加，并主要由高层决策，这样的工作效率最高、最有效。节省下来的精力，我们用在更好地服务客户上。

第七，我们在员工培训上大量投入，并且聘请了不少顾问来辅导我们的员工。因为员工的成长是公司成长的基础，而且我们非常关注新技术在营销行业的应用。我们相信将来大数据和人工智能以及各种各样新的技术会对营销产生巨大影响。我们也时刻关注并尝试应用这些技术到我们的咨询服务中去。

第八，我们不作假。我们知道，许多营销案例的传播数据其实是有水分的，甚至许多大公司的市场部与乙方合谋刷数据，因为大家要背KPI（关键绩效指标）。但是我跟我的同事反复讲过一件事，我们做了方案，如果销售额为零、阅读量为零，那就接受这个现实，我们再去找原因，重新做，决不能去找水军刷个数糊弄客户。要对客户极度真诚，才能赢得客户的信任。

更多细节，我不展开讲了，其实核心原则就是在为客户提供有效解决方案这件事上投入重兵，所有的事都围绕这件事展开，不要有多余动作，不要把精力浪费在别的地方。

这件事听起来很简单，其实做起来很难。

比如业务找上门了，却没有人做，这时候你会降低门槛，找一个不是很合格的员工吗？这个口子一旦打开，公司就会立刻进入负的增强回路。因为你没有把客户的方案做好，就会导致口碑下降，然后找你的人就越来越少了。

国内的咨询公司少有红过十年以上的，据我观察，就是犯了这样的错误。在公司声名显赫的时候，对找上门来的业务来者不拒，而不管自己能不能做好。结果就是好多年就吃一个经典案例的老本，再也做不出更好的案例了。

比如，我们在2020年依然增长，是因为我们2020年做得好才这样吗？其实不是，是因为之前三年我们做得不错，过去的客户案例获得了口碑，然后就有更多客户找来了。

我个人觉得，2020年我们确实也做了许多不错的案例，但这些案例都在实施过程中，还不能对外讲，有些客户也需要时间来获得成功。所以我们2020年做得好，是为了未来几年我们能有更多的业务。

我们今天的成功是因为过去做对了一些事，未来的成功，则是因为今天做对了一些事。

这就是这一年来做咨询公司的一些思考，希望对你也有帮助。

面对强大的竞争对手该怎么办

军事战略有一条铁律，就是一定要提高自己的胜率，最好是必胜。

取胜最好的方法是占据压倒性优势，比如用十倍兵力攻击对方。当然这是理想的状况。如果形势所迫，你必须以弱对强该怎么办呢？

那就要找到对手薄弱的地方，削弱对方的实力，并且将自己的实力发挥到极致。迈克尔·波特在《竞争战略》中曾经提到"挑选战场"的概念，就是要在对手的实力无法展开，自己的优势却能很好发挥的战场上进行竞争。

我先举一个战争的例子。

在电影《鸣梁海战》中，朝鲜水军数量处于绝对劣势（与日本战舰数量比大概是 1：20），但朝鲜战舰大，水军作战能力强，战舰群殴不行，一对一很厉害。所以朝鲜战舰要拼命赶到狭窄的鸣梁海峡进行决战。由于海峡狭窄，日军战舰无法集体进攻，本来具有的数量优势消失了。这就是朝鲜战舰选择了一个让对手束手无策的战场（与历史上真实的鸣梁海战细节不太一样，但大致情况类似）。

《竞争战略》在"挑选战场"一篇中写道：

假设竞争对手会对企业发起的某个行动做出反应，其战略议程肯定包括选择最佳的战场来和竞争对手展开殊死搏斗。

最理想的情况是按照竞争对手当前所处的形势找到一种让竞争对手束手无策的战略。由于过去的某种传统和当前的战略，竞争对手要追随某种战略可能要付出惨重的代价，但是对于发起这些举措的企业来说却不会碰到太多困难或承担过多的开销。例如，当福爵咖啡用降价手段侵占了麦斯威尔咖啡的东部阵地时，麦斯威尔因市场份额巨大，想要用同样的降价手段奋力反击，就得付出沉重的代价。

我们用国内的商业案例来解读一下这种策略。

比如饮料品牌，作为饮料市场的龙头，可口可乐在大型超市中的陈列面积非常大，这显示了它超强的地位。如果一个新兴饮料品牌要进来，它先布局大型超市就不是一个很好的策略。因为新兴品牌的陈列几乎会被可口可乐压倒性的陈列优势淹没，新兴品牌要是做那么大的陈列是不可能的，在大型超市中它就会处于全面的劣势。

那怎么削弱可口可乐的压倒性优势呢？

新兴品牌可以选择便利店去挑战可口可乐。因为便利店的货架尤其是冰箱的陈列位置非常有限，在这里可口可乐的陈列优势并不明显，新兴品牌哪怕只取得一道陈列位置，它被发现和购买的可能性也相对提升了。

所以作为一个新兴品牌，元气森林的战场最早选在了大学和便利店渠道，这是有道理的。

当然战场的选择有多种方式，比如在广大的农村，大品牌未必就有很好的认知，品牌在顾客的购买理由中并不是很重要，这个战场就给许多品牌提供了机会。

比如在我的山东农村老家，我2022年国庆节回去，发现有个叫"山楂树下"的山楂汁果饮品牌卖得特别好，这就是选择了一个大品牌竞争力相对薄弱的战场进行竞争。只要大品牌相对较弱，新品牌就有机会了。

早年公众号也是诞生新品牌的很好的战场，因为通过公众号文章推荐销售和顾客搜索式购买完全不同，消费者在这两种购买情境下的决策方式也不同。在公众号文章中有非常大的篇幅可以详细介绍商品的特色和优势，这是在普通货架上无法实现的。

这也是一种取得相对优势的战场。

《西游记》中收服沙僧的那一回，论实力孙悟空当然比沙僧强，但是沙僧打不过了就跑水里，悟空水性不好，在这里他就搞不定。最后还是要观音菩萨直接出手，让卷帘大将拜了取经人。

自然界没有完美的生物，人类会被某个病毒搞得束手无策，大象和老鼠其实根本分不出谁强谁弱。强者也有弱点，有它施展不开的地方，那弱势品牌就可以选择在强者优势无法施展的地方去进攻。

营销咨询值多少钱

在我的知识星球上，有朋友问我一个问题，就是咨询公司报价几百万元、上千万元，它们到底值不值这个价格？

其实咨询公司的服务值多少钱真的很难定义，要是能想清楚这个问题，你可能就会理解很多商业现象。我也没有确切答案，不过可以来探讨一下这个问题。

首先要搞清楚的是，咨询公司服务的价值，是由咨询公司提供的服务和客户本身来共同决定的。

你服务一个品牌，它只有一家店，年营业额 300 万元，你的咨询很给力，帮它提升了 50% 的业绩，让它一年多赚了 150 万元。你收费 200 万元，他们可能会觉得这太贵了，不值得。

你服务了一家《财富》世界 500 强企业，它年营业额 1000 亿元，你帮它提升了 1% 的营业额，让它一年多赚了 10 亿元，你收费 500 万元，这家公司会觉得你的收费简直太便宜了，因为这种投资回报太高了。

你看，你服务不同的客户，你的价值是不一样的。当然，一家营销咨询公司的方案也许真的没什么价值，这又是另一种情况。我在这里讲的是，营销咨询的价值其实不仅和营销咨询本身有关系，还与客户有巨大的关系。

其实广告的价值计算也是一样的。

比如世界杯的赞助，2018年俄罗斯世界杯的一级赞助商花费大概是1.5亿美元，那么这个广告值不值呢？这就要看谁来赞助了。比如我的老家山东青州当地有个白酒品牌，它来赞助世界杯，肯定不值得，不仅是因为它没有钱，也是因为它赞助了也得不到那么大的回报。如果是可口可乐，它赞助世界杯就会划算，因为可口可乐的业务遍及全球，而世界杯是全世界球迷的盛事。相对来说，只在中国本土销售的元气森林赞助世界杯就没有那么大的价值。

当然，营销咨询的报价中，还含有咨询公司品牌本身的一部分价值。比如一家《财富》世界500强企业，基本上不会寻找我们这样的咨询公司，因为我们太小了，历史和声誉都不够，它应该会在更大、更有名气、历史更久远的公司中寻找咨询商。

同时，邀请知名营销咨询公司，本身就具有一种宣传价值。我听说过某些加盟品牌，邀请一家著名咨询公司做咨询，其实就是为了向自己的加盟商证明自己的实力，带给他们信心。

2014年2月，脸书宣布以190亿美元收购移动社交媒体WhatsApp（网络信使）。这个价格之所以让人感到震惊，是因为就在一个月前，WhatsApp刚刚进行了一轮融资，估值只有15亿美元。

那么这个收购价高吗？这也要看是谁来收购。

收购价是多少，不在于WhatsApp市场估值是多少，而在于它对买家来说值多少钱。

如果是中国的恒大去跟 WhatsApp 谈，也许 30 亿美元它也不愿意出，因为买来 WhatsApp 对恒大没用，唯一的目的可能在于将来估值高了转手卖出去，赚个投资差价而已。

但买家偏偏是脸书，它急切地需要发展移动社交业务，而 WhatsApp 对它来说是有巨大价值的，或者说，脸书不仅是最需要 WhatsApp 的买家，也是最适合 WhatsApp 的买家。

190 亿美元到底贵不贵？对脸书来说，事实证明它一点都不贵。

关于这个问题，我曾经写过一篇公众号文章，有兴趣的可以搜索看看：《三个故事：绑票、收购和性勒索》。

别做"坏的市场调研"

我们做营销，往往要做大量的市场调研。有些调研是想了解品牌的提及率、回忆度、知名度和品牌形象等，有些调研则希望搞清楚顾客的购买动机、购买习惯和购买偏好等。

但市场调研真的非常坑人，可能同样的人群、同样的品牌，你调研的话术不同，结果就会千差万别。今天我们就聊聊调研这件事。我总结下来，有几种调研就是所谓"坏的市场调研"。

第一种是目的不纯的调研，就是那种为了某个想要的结果而进行的调研。既然目的不纯，调研结果当然也就没有任何参考意义。比如某些广告或者咨询公司提出了一个策略，而为了证明这个策略是正确的，公司就会进行一些"调研"，当然这个调研会被调研者主观塑造出来。我听一个咨询界的"老人"说过一句话："我们这个行业的调研，就看你想要什么结果，我们总能调研出你想要的那个结果。"

比如一个大公司，他们不会去找真正的消费者，而是在公司内部找个同事假装调研一下，或者在寻找调研对象的时候找那些他们认为会得到这个结论的消费者。

还有一种预设答案的问问题的方法，比如丐词魔术（我一会儿会讲到）。初心不正，那所谓的结果就根本不具备参考价值了。

第二种是问题问错了，当然结果也就不对了。

得到课程"跟张弛学市场调研"中，说了一个笑话。

一个年轻人看到一个老人和他脚边的一条狗，然后小心翼翼地问："你的狗咬人吗？"老人说："不咬人。"于是他弯腰拍了拍这条狗，结果被咬了一口。年轻人抱怨说："你不是说你的狗不咬人吗？"老人说："这不是我的狗。"

这就是问错了问题，当然你不会得到正确的答案。

比如你写了几句广告语，想去找消费者做一个调研，于是你就拿着这几句广告语去问消费者：你觉得这几句广告语哪一句写得更好？请注意，这就是一个错误的问题。当你问消费者哪句广告语写得更好的时候，他立刻就把注意力聚焦在"哪一句写得好"上面了。哪一句写得好，一般人会把它当作一个文学问题，也就是哪一句广告语遣词造句最佳，而不是哪一句广告语更有营销效果。

比如提醒司机不要随便停车，你写了两句口号：

（1）文明停车是一个社会进步的标志；
（2）摄像头自动监控，违停罚款。

你说哪句口号写得更好呢？当然是第一句的遣词造句更好一些，但实际上，第二句对那些乱停车的司机才更有杀伤力。

对于广告口号，我们的调研问题应该怎么问呢？比如一个新饮料品牌，你写了几句广告语，你应该这么问：你看了这几句广告语之后，哪一句看完会让你会有买一瓶试试的冲动呢？

当然，如果我们要对广告语进行调研，更好的方式是通过网络广告直接测试购买下单的概率，这种测试更加接近真实的消费者反应。

还有一种问题，叫作丐词魔术。这种问题其实是预设了问题的答案，你不管怎么回答，都会落入提问者的圈套。这种问题就是把结论放在问题的前提中进行提问。比如你在做关于奶茶的调研，你问一个顾客："你喜欢奶盖茶还是喜欢水果茶？"这就是一个简单的丐词魔术提问，因为顾客很可能既不喜欢奶盖茶，也不喜欢水果茶，但在这个问题里，顾客的回答只能二选一。

我们家孩子最早不喜欢上幼儿园，我在早上问他的时候就使用了丐词魔术的提问方式："你今天是想让爸爸陪你去幼儿园还是让妈妈陪你去幼儿园？"

法庭辩护的时候，律师常常用这种方法提问，以获得他们想要的结论。

这种提问如果用在调研中就是一个坏的提问方式。

第三种是把消费者的表达当成了行动。

消费者会撒谎或者言行不一，甚至在消费者说自己会怎么样的时候，他也不知道自己说的是错的。

比如你要是去问消费者他们更相信哪种方式的推荐，他们会说喜欢朋友的推荐而不喜欢电视广告。这当然没有错，所以产品的口碑特别重要。但有时候只靠口碑是无法做到快速提升知名度和销量的，你只能通过广告。消费者不喜欢广告，但是广告确实有效。

消费者一般不认为自己会受广告的影响，实际上他们会自觉不自觉地受到广告的影响。

一扇门本来是可以拉也可以推的，但你在门上贴一个字"推"字，大部分人就会去推这个门，而不是去拉。我们就是时时刻刻受到这种影响，广告对消费者的影响也是一样的。这个时候，我们应更多地观察消费者的行动，而不是表达。因为消费者的表达很多时候要考虑自己的形象，或者表达的是自己认为的结论。

第四种是只想做轻松的调研。

这个其实是心态和做事态度问题。

设计几个问题，然后在网络上或者找几个朋友问一问。这种调研当然不难，但是它可能不准确，或者不全面。有时候，好的调研是靠那种琐碎、细致、重复的工作累积起来的。调研不一定就是要在网上或者面对面去问消费者，还包括观察、记录、搜索和分析等行为。

比如我们在服务满满元气枣糕的时候，我们现场观察了客户的20多家门店，对30多家竞品店做了现场观察，还在3家门店安装了摄像头记录了一周的消费者购买情况；另外，我们的两位同事还去满满元气枣糕的门店做了两天的服务员。我们根据观察结果，对满满元气枣糕的门头、海报、口号、商品结构、糕点陈列、灯箱、灯光亮度、充值卡、服务员话术等提出了改进建议。

我们在服务云耕物作红糖姜茶的过程中，也是对顾客在店铺的评论留言、客服的咨询记录等进行了大量的数据整理，最终发现了顾客最关注的问题，然后对包装、商品详情页等环节进行了改进。

其实用户调研是创建品牌战略的基础，因为对情况搞不清楚，你就根本无法判断该怎么往下走。有些人看起来很忙，那不过是一种对自己的欺骗而已。

2020 年浑水发布了一个对瑞幸的调查报告，先不说结论是否准确，至少调研方法是值得很多投资机构和研究者学习的。据说，调查方委派了 92 名全职调查人员和 1418 名兼职调查人员，记录了 981 家瑞幸咖啡门店的日客流量，覆盖了 620 家店铺 100% 的营业时间，从10119 名顾客手中拿到了 25843 张小票，进行了 10000 个小时的门店录像，并且收集了大量内部微信聊天记录。

再说一下我们当时调研一家小吃店的情况。我们 2018 年去成都一家做锅巴土豆的小吃店考察，那是一个当时特别火的小吃品牌，我在小吃店门口站了一个小时，数了它一个小时内销售的锅巴土豆数量，再根据它一天的营业时间和单价，基本就可以算出它一个月的销售流水。我得出的结论是：这家店看起来天天排队，但每天卖出的小吃份数并不多（因为出餐速度极慢），不怎么赚钱。如果你只看它排队的盛况，你会以为这家店日进斗金呢！

蜻蜓点水的调研相当于没做，有时候我们比别人做得好点，无非就是我们比别人做得更认真一些罢了。

营销中那些老板纠结的问题

在我们公司 7 年的经营过程中，至少接触了几百家客户，这里我总结了一些典型问题，顺便也提供一些我的个人看法供大家参考。

问题 1：为什么别人家的 logo 都那么好看，自己的 logo 总觉得设计得不到位呢？

回答：其实真的没有完美的 logo，有的确实一看就很喜欢，但大多数都是看多了就好看了。像奥迪的四个圈，如果第一次是给你设计的，你会接受吗？审美这东西比较复杂，你让 10 个人来提意见，他们能说出 15 种看法来，而且他们可能也不知道自己在说啥，只是为了表示自己有见解而已。

如果没有一个拍板决策者，所有的事都会效率低下。只要不犯原则性错误，在 logo 上不要追求完美。就像找对象一样，你不可能找到完美的对象，否则到最后就可能把自己给剩下了。

问题 2：红色被可口可乐用了，绿色被星巴克用了，我们还能用这两个颜色吗？

回答：几乎所有颜色都有品牌用了，问题是你总要定一个颜色。

如果持续纠结这种事，那就什么都做不成了。与其纠结，还不如早早定下来去搞点有意义的事情。

这个问题本身就没什么意义。

问题3：我们要不要砸钱去投广告呢？你看对手都投了。可是投广告的话，有没有效果呢？

回答：投不投广告在于你，不在于对手。对手的情况可能和你不一样，不要只看对手投多少，要看你自己投了会不会好。也许对手砸钱投一年，就把自己投死了；也许对手拿到了投资，只能靠大量广告来维持销量，这些都是你无法确定的事情。

传统的广告投放是一件长期的事情，如果想短期出效果，那最好去投效果广告。这件事，钱多就多投，钱少就少投，没钱就不投；有决心就多投，没决心就再想想，不怕失败就可以投，一定要多长时间看到结果，那就不要想了。

如果投效果广告，没效果就停止投，效果好就持续投，效果特别好那就借钱投，很简单的道理，不要想复杂了。

问题4：有没有可能花很少的钱来引爆品牌呢？

回答：这件事也不是没有可能。你可能总是觉得有人突然就引爆全网了，这其实是没有想清楚背后的许多前提。比如每年想引爆全网的品牌有上百万个，但是能引爆全网的品牌每年只有那么几个（你可以想想去年你记住了几个），这个概率就是百万分之一，跟买彩票中大奖一样。

另外，你其实也不知道一个引爆全网的营销事件背后，品牌究竟花了多少钱，你听说的和真实的状况其实是不一样的。

所以，答案是有可能，但可能性很小。你是想靠买彩票发财，还是想努力奋斗发财？

问题5：我们是好多知名品牌的代工厂，能不能也做一个自己的消费品牌呢？否则总是给别人作嫁衣。

回答：你给别人代工不收钱？别人一年几个亿的营销费，你舍得花？别人几万个地推人员，你有能力组织吗？别人搞了十几年渠道建设，你有吗？这个问题就像是在问：腾讯真赚钱，我们能不能也搞个腾讯呢？

做制造业代工，和做消费品品牌是两种完全不同的能力，鲨鱼是不会羡慕老鹰能吃到小鸡的，因为它知道自己没有翅膀。

除非你能挖过来一个能做这种品牌的团队，让自己长出这种翅膀来。但是，所有人都想要这种人才和团队，你要想想，人家为什么要来你这里做？

问题6：我们请了咨询公司，如果不成功怎么办？

回答：没有咨询公司能保证成功，要是不成功，那就接受失败，这世界上谁能保证100%成功呢？如果有，这也是对商业世界的不尊重，那个人一定是个骗子。

问题7：我觉得这句口号别的品牌也能用！

回答：耐克的口号，理论上来说，其实哪个运动品牌都能用。如果一个口号能帮助你，那你就率先享受了这个口号带来的红利，为什么不用呢？

问题8：我们几千家线下门店都是玻璃门，你说我们是开着门经营好还是关着门经营好？

回答：你开一个月，再关一个月试试，可能就知道了。有些问题不需要讨论，只需要去验证。

问题 9：我把这个包装给我朋友看，他觉得不好看咋办？

回答：当你请一个人评论一个包装好不好看的时候，他的注意力就集中在好不好看了，但包装的作用并不是为了好看，而是为了促进消费者的购买。

另外，也许你的朋友并不是你的目标消费者，也许你这个朋友也不懂，他只是为了让自己觉得有点价值而已。

问题 10：今年原材料成本上涨，要是不调价就会亏损，要是涨价，顾客投诉咋办？

回答：要么降低质量，保持原价，顾客也会投诉；要么保持质量，保持价格，顾客不会投诉，但你会亏死；要么保持质量，提升价格，顾客有抱怨。如果只有这几种选择，你也就只能选择其中一种，然后跟顾客解释清楚。

问题 11：这个包装很好，可是法务说可能会有违规问题，但又不确定，我看对手也用过类似的，怎么办？

回答：如果想用，那就用，等监管机构明确说不行，到时再停用；如果担心将来有违规，那就别用；只要自己承担未来的后果就好了。

问题 12：这个口号很好，但《广告法》不让说，太可惜了。

回答：这有啥可惜的，也许你的同行早就想到了，也不能用，你以为你是第一个想到的吗？

问题 13：《广告法》有各种限制，现在做传播越来越难了，我该怎么办？

回答：任何行为都有各种法规限制，我们都是在戴着手铐跳舞，这才是世界的真相。都是成年人了，要学会接受世界的不完美。

问题 14：10 年前我们餐厅特别红，现在顾客越来越少了，怎么办？

回答：人无千日好，花无百日红。要想红久一点，就要时刻努力，不断创新。只想守着原来的菜品，还想俘获现在的顾客心，好事都让你占了，怎么可能呢？

记住《爱丽丝梦游仙境》里那句台词："你必须不停地奔跑，才能留在原地。"

问题 15：我认为我们这个产品有巨大的创新，特别好，为啥顾客就是不买账呢？

回答：我们要学会尊重结果，而不是按照自己的看法去想象世界。顾客不喜欢，那说明你错了，说明产品不好。

其实，所有的纠结，不外乎这几种原因：一是啥都想要；二是只想着成功，不能接受失败；三是入戏太深，连自己都骗了。

成大事者，不纠结，祝你能想通。

越想增长，越难增长

按语：这篇文章，是我的好友，也是知名的战略和营销领域的研究者李靖在混沌有系消费营的一次内部分享。在这次分享中，李靖分享了几个关于企业增长的核心话题，当时我的公众号也转发了这篇文章。因为李靖讨论的几个问题与我思考企业经营的角度有一些共通之处，所以我征得李靖同意，把它放在这本书中。

讲到增长这个话题，最常见的一个思考视角就是，如何优化效率、抓住流量、完成增长。一个经典 AAARR 模型可以很好地诠释这种思考模式。

最近几年遇到的无数企业都沉浸在这个思路里：融资，获取用户，变现收入，再融资，然后不断找到各种方式去提高效率，抓取更多的流量。

但时间长了，很多人都体验到一种无力感、劳累感——感觉像被人拿着鞭子抽打一样疯狂奔跑，全力以赴却很难再取得更大的成就。我们仍然在不断开发产品、研究流量，不断再优化组织、提高能力，但就是很难突破，一直在原地徘徊。

这时，你会感觉好像进入了增长的瓶颈。

进入增长瓶颈的一个典型现象，就是越想增长，距离想要的增长越远。

比如一个在淘宝做食品的品牌，踩中势能崛起后，想要维持增长，就不得不继续扩增品类并且依靠新产品去带动新流量。随之而来的就是，每一种产品产销规模都很低，形成不了规模效应，从而无法给用户带来超值体验，提高了规模却逐步失去用户的信任。而且，这也要求公司频繁成立无数的项目组，采用各种不同的工作流程，管理复杂度与日俱增，甚至让创始人开始怀疑自己的管理能力。

但没办法，你必须增长，只有增长才能维持势能，咬着牙挺吧，可能挺过去就好了。可结果往往相反，公司陷入了一个恶性循环的怪圈。

如果用一句话来形容这种现象，那就是我们被我们想拥有的东西绑架了。

所有人都知道，增长最重要的方法就是在大趋势中先人一步进行创新，站在用户的角度创造超额价值并赢得口碑，以及不断积累和沉淀自己。但当一个人被增长的预期绑架就会失去这些习惯，他会像投机一样地去跟随对手而非做开创性的事情，会天天计算自己的利弊得失而非关注用户，会抓取身边的资源、流量而非积累价值，这些都让他距离增长越来越远。

再进一步的恶性循环，就是觉得这些问题的原因是自己还不够狼性、不够拼搏，所以不断压榨自己、逼迫自己，让自己活在焦虑紧张和对失去的害怕中，让自己更加难以去做自己热爱的事情，更加难以专注，从而进一步失去优势。

这就是一个在增长中最常遇到的怪圈，说实话我也曾深受其折磨，不断思考如何去突破。我发现，破除增长焦虑唯一的方法，就是从追求增长的视角切换成价值创造的视角。

之前我的老师宁向东教授曾给我推荐了一部经典电视剧《雍正王朝》，里面九子夺嫡的情节对我很有启发。

在康熙年间的九子夺嫡中，太子和八皇子深陷这个怪圈，他们特别想争取到皇位，并为此拼尽全力。为了争取皇位，他们伙同越来越多的大臣，不断攻击其他参与竞争的皇子，为了避免失败不敢去接受困难的任务（比如追缴国库欠款这种吃力不讨好、有巨大政治风险的事情一概不做）。

但到头来，这种争取皇位的行为，反而让他们失去了最宝贵的资产——皇帝的信任，从而让他们距离皇位越来越远。

相反，四皇子的战略顾问邬思道（号称编剧附体的人）提出了违反常识却真正行之有效的关键战略："争是不争，不争是争。"就是当你去争权夺利时，反而距离皇位越来越远；当你不去争，只想着怎么给大清国创造价值时，反而能赢得皇帝的信任，这才是最大的争。当四皇子用这个不一样的视角去看待夺嫡的竞争时，自然做出了很多与众不同的行为（比如主动接下吃力不讨好的差事，比如在关键时刻不对二皇子落井下石），帮助他最终赢得了皇位。

当然这跟史实有一定出入，却给了我很大启发。有时候视角的调整会带来巨大改变。四皇子最与众不同的策略在于：从一个争抢的视角，变成一个贡献的视角。

同样，面对增长焦虑，面对长期增长的困局（短期增长非常容易，算账就行了，但是持续增长真的非常难），我们只有调整视角，才可能破局。我一直相信，转化看待问题的方式，而非解决问题本身，往往才是最关键的办法。

这里面最难的一个转变，就是如何从一个追求增长的视角变成价值创造的视角，从一个"我如何得到增长"变成"我如何成为一个值得被奖励增长的人"。只有进入这样的视角，才有可能去做真正有利于长期增长的事情。比如在巨大的趋势面前做开创性的事情；关注用户，并且提供超额价值；立足于长期去做积累。否则，找再多的方法、喊再多次长期主义都没用，毕竟问题出在那颗"心"上，而非那个大脑上。

那么怎么切换这个视角呢？

之前有一次参加曾鸣书院的活动，当时曾鸣教授有一个观点带给我巨大的启发，就是现在的战略最重要的就是怎么面向未来、面向用户。而大部分企业和个人，实际的出发点都是面向过去、面向自己、面向资源，其背后都是一种"争抢的视角"。

真正要去摆脱这种视角，最难的不在于方法论，而是三种"勇气"，即面向未来而非面向过去的勇气，面向用户而非计算利弊的勇气，积累价值而非抓取资源的勇气。

面向未来而非面向过去的勇气

我一直好奇一个问题，就是究竟是什么，让一些本来很具备开创性的创始人，变得因循守旧、故步自封，从而深陷增长瓶颈的。

前段时间，跟一个做到一定规模但陷入增长焦虑的消费品公司创始人聊过，他每天非常忙，忙着搞定更多的渠道，忙着建立更多的联名合作，忙着寻找一个又一个便宜流量，但当我问"你所在的行业未来三年最重要的机会是什么"时，他却愣住了。

是的，几年前开始创业的时候，创业者对这个问题都有着清晰的认识，但是做到一定的规模后，反而失去了对未来机会的感知、对行业变化的洞察，开始在资本的驱动下疯狂地追求规模。

那么究竟是什么让一些开创性的人深陷瓶颈？

过去一段时间我上了一些身心灵的课程，发现其中有个重要的观点，就是"你如何理解你的过去，决定了你如何应对未来"。

我参加过一些公司的复盘会，一个最重要的环节就是回顾公司发展的过去并以此启迪未来，我发现大部分时候本质上是在问这样一个问题：

过去你坚持了什么，从而让你有了今天？（暗含的假设就是继续坚持这些会创造更好的明天。）

接着会总结出非常多的方法论、经验和价值观。这本身没有错，说实话还很有收获，但接下来又会基于这些对历史的总结来决定下一步做什么、不做什么，这往往就陷入自我设限里去了。

我记得研究生一年级的时候看柯达的案例，当时清晰地记得柯达认为自己成功的重要法门是坚持成像的品质和性能（这个信念也在一定程度上限制了它们进入更加便捷但是成像品质相对低的数码相机市场）。但这个归因并不是事实，柯达最初的成功是因为创始人乔治·伊士曼开发了人人都可用的、低价、便捷但性能相对低的相机，第一次把相机从一个专业人士的工具变成了大众产品。它最初成功的法门并不是高品质，而是抓住技术趋势开发适合更多人群的便捷性产品。

如果我们在复盘会中除了上面的问题，还问了另外一个问题："过去你抓住了什么机会，或者打破、开创了什么让你拥有了今天？"你就会发现视角完全不一样了。我相信每个曾经有过成就的公司和个人，几乎都有过或多或少的、抓住某个趋势打破惯例的开创性举动。但很多人和公司一旦取得了成功，就把这一点给忘了，误认为自己是靠日复一日的例行动作获得成功的，并且期待，只要重复这些动作，提高自身效率，改正自己的缺点，成功就会再次如期而至。

　　当成功没有如期而至的时候，就会进一步想，是不是自己还是对自己不够狠，自己的缺点还是太多，自己还是没有足够坚持之前的价值观和做法。接着就进入一个因循守旧并且给自己施加越来越多框框的循环。

　　思考"我们坚持了什么让我们走到今天"并没有错，但是我们经常忽视了另一个视角，就是真正巨大的增长一定来自巨大势能的推动，来自巨大势能下有意的开创性的举动。

　　就拿消费品行业来说，历史上成功的大公司，无一例外都是与当时最重要的势能成为朋友，率先通过开创性的举动抓住巨大的趋势，比如新的用户群和市场、新的渠道和媒介、新的科技等。

　　比如路易威登率先开发出轻便、耐磨损的旅行箱，抓住了19世纪欧洲火车普及的机会；耐克通过赞助顶级球星的方式抓住了电视转播崛起的机会；索尼抓住了晶体管技术突破的契机开发了随身听；等等。

　　甚至这些公司的持续增长，也是因为抓住了新的趋势和机会。比如路易威登后来成长为一个大集团，得益于率先抓住全球化趋势，在全球开设直营门店。

这个道理如此之简单，但也如此广泛地被忽略。当我们进入一个追求增长而非价值创造的视角，我们就会特别想延续过去的高速增长，于是就会产生这样一个信念：

只要我自己仍然是昨天的自己，我就可以复制昨天的成功。

有了这样的信念，我就什么都不敢尝试了，因为一旦尝试改变，我就不再是昨天的我了，一旦不再是昨天的我，我就不能再复制昨天的成功了。即使做新的尝试，也会带着浓浓的过去，生怕一旦没有使用过去所积累的资源，就无法取得新的成功。

比如在智能手机开始盛行的时候，微软也看到了这个巨大的趋势，但是它的想法是开发一套能够兼容视窗软件的手机操作系统，而非完全以手机为核心去构建系统。这个战略对当时微软开发手机操作系统形成了巨大的拖累。

如果换一个视角，我想要的不是追求增长本身，而是基于长期目标，抓住趋势去创造更大的未来，是不是感觉就不一样了？

苹果开发 iPhone 其实是颠覆了自己过去的 iPod，做一个新业务去替代老业务。

宝洁最早也只是卖肥皂。我想 19 世纪末的时候，如果宝洁基于过去做自我定位，就是做肥皂的，接下来的战略可能就是聚焦肥皂、深耕肥皂产业链，就很难有今天的宝洁。但如果看到了 19 世纪末最大的势能是广播媒体的出现带动了全国品牌的建立，就自然会发现还有更大的空间。

之前我看历史书的时候，发现中国古代文化也是，中国从南宋以后就失去了开放性，开始用过去定义自己，走向了自我封闭的道路——符合这些标准的就是中国文化，不符合的就不是——而不是保持开放，像汉朝、唐朝那样，可以把任何文化吸收进来。

这里的一个重要判断就是，你觉得过去的你和未来的你，哪个更大。只有觉得未来的自己更大，远比过去已经创造出来的自己要大，才能真正洞察趋势，开创未来；才可以真正看到市场的扩张、需求的迁移、渠道和媒体的变革、科技的渗透和普及带来的势能，并且顺应这个势能去创造价值。

面向用户而非计算利弊的勇气

当我们在一个追求增长而非创造价值的心态中时，还有一个典型现象，就是陷入循环往复、永无休止的评估判断中，然后不论怎么计算和判断都算不出最优解。

对一家大型企业来说，到底是做多个品牌还是将不同产品统一到一个品牌中？如果做多个品牌，就不能复用之前品牌的势能，显得太散；如果不同产品线共用一个品牌，按照定位理论，又会扭曲定位和认知。

对互联网公司来说，到底是做矩阵式 App 还是做一个大的旗舰App？

对消费品渠道来说，到底是聚焦线上还是扩展线下？

但如果把视角切换为"我想解决用户的问题，应该怎么做？"，答案就容易找到了。

比如品牌策略。在电视广告场景下，用户看广告和去超市购买是分离的，他就是需要一个品牌代表一个品类方便去记忆，还需要简洁的口号、清晰的形象和明确的利益点，否则到时候去了超市还是不知道怎么选，这时候自然需要你聚焦定位。但有时候，比如用户在淘宝买零食，他就是需要一家店多买点，一个大礼包买回家，最好是一个牌子的，那自然就应该用一个品牌代表多个品类。

甚至你要不要做品牌，也是看你要解决具体用户的什么问题。格力需要做品牌，因为用户选空调后悔成本太高，自然需要稳定的品牌帮忙判断；茅台需要品牌，我请朋友吃饭希望摆上一瓶酒，朋友就知道这酒很贵，不需要解释也能体现我对朋友的重视，自然就需要价格高、品质稳定的品牌。

这是一个非常简单的常识，就是增长背后的动力，一定来自用户的持续选择和使用。但更多时候，我们进入了一个追求增长的心态中，就会把简单的问题复杂化，去计算每一个决定对自身的利弊得失，反而越来越分析不清楚。我们会基于自身需要反推给用户提供什么，只能是越来越累。

一个互联网 App，按照数据分析，为了降低流量成本，需要提高频次，所以就给用户加上很多根本不需要的功能。

一个集团公司，按照战略分析，需要开展多元化业务以满足增长的需求，所以就逼迫自己去做很多并不擅长的行业，最终铩羽而归。

一个家具公司，按照对标研究，需要提高门店的顾客时长，所以学习宜家，做多品类的体验式门店，却忽略了宜家的出发点并不是提高顾客的时长，而是解决它崛起时最重要的客户需求——当客户搬到一个陌生的城市，如何一站式地在一天之内拥有一个家。这个需求来到中国可能已经完全不一样了。

是的，我们经常去学习很多"打法"和"模式"，并且计算每种打法和模式带给自己的价值，却忽略了自己最重要客户的最重要需求，以及如何基于这些最重要客户的最重要需求去迭代自己。

我们特别想要增长，但正因如此，就会把视角全部放在自己身上，去计算自身的利弊得失，于是距离顾客越来越远。

这就像九子夺嫡中的八皇子，每走一步都是在计算自己的利弊得失，而非去看大清国和父皇到底需要什么，所以距离皇位越来越远。（实际上，这也是我认为现在最大的机会——如何基于新一代用户的需求，把所有的产品重新做一遍。当然篇幅所限，关于消费者洞察如何驱动公司的业务，就不详述了，因为最重要的不是方法，而是视角，这里推荐克莱顿·克里斯坦森的《与运气竞争》。）

积累价值而非抓取资源的勇气

陷入对增长的焦虑，还有一种典型的做法，就是所有的做法都越来越指向资源的抓取而非价值的积累。

前面讲的《雍正王朝》中九子夺嫡的案例就是这样，太子和八皇子越是担心自己当不上皇帝，就越是抓取各种短期资源，比如收拢投机派的大臣。这样反而让他们丧失了最重要、最稀缺的那个价值，也就是皇帝的信任。

我观察到很多陷入瓶颈的企业、个人，甚至包括我自己，都会有这样的举动。

比如一个品牌，越是对增长有焦虑，就越会降价促销、渠道让利，短期内销售额上来了，却失去了品牌的势能（比如"八项规定"后大量的中高端白酒品牌降价促销，砸了牌子，似乎只有茅台认识到品牌才是最重要的资产，没有用品牌的牺牲去换销售额）。

比如一个职业经理人，越是对自己的晋升有焦虑，就越会要求更大的权力、管理更大的业务，以期借由这样的资源去做事，从而证明自己，这样反而什么事情都做不好，然后失去了领导的信任。

比如一个互联网公司，越是对盈利有要求，就越会在每一笔投放前计算短期回报，不打平不做，这样反而会失去很多能够带来巨大变革的机会，丧失了长期产生更大盈利的可能（我的一个朋友跟我提过，字节跳动的增长部门，经常优化的不是投资回报率，而是抓住机会的速度，因为有时候机会是最大的成本）。

实际上，这也是一个奇怪的现象，我们花费了太多精力去抓住无限的、流动的东西，而非关注真正稀缺的、不变的东西。

对皇子们来说，权力其实是无限的，想要争取总是可以获得更多，但是皇帝的信任却是稀缺的。

对一个品牌来说，销售额几乎是无限的，而且每年都在改变，但是用户的品牌心智是稀缺的。

对一个科技公司来说，资本几乎是无限的（想要融资总会有风投等着），但是机会是稀缺的，一旦错过一个重大机会，下一个需要等很久，甚至有被颠覆的可能。

这背后的心态是什么？

就是当我们越追求增长，就越倾向于在数据上获得安慰（对比皇子的党羽、职业经理人的权力和汇报线、品牌公司的销售额、互联网平台的日活用户数）。我们越是寻求这种安慰，就越容易去抓取最容易获得的资源，而这种资源一定是无限的、流动的，换句话说，是不值钱的。

接着就会进入一个怪圈，我们放弃真正值钱的东西去换取不值钱的东西，我们能掌握的实际竞争力就会越来越少，增长就会越来越困难。为了缓解焦虑，我们就会再进行资源抓取，由此形成恶性循环。

而要打破这种循环，就不得不去识别，在当前环境中，最稀缺、最恒定的是什么，有时候是品牌，有时候是数据，有时候是稀缺供给，有时候是人才。如果整体的优化目标本着这些，就会形成正向的价值积累。

结语

为什么"可持续增长"这么难，有个很重要的原因，就是一个人或者企业成功之后，往往就不再去做当初给他们带来成功的事情。

他们当初的成功，往往是在别人存在惯性的时候，率先面向未来抓住机会；往往是在别人较少关注用户的时候，深刻洞察了用户需求并且以此为准绳去设计所有的动作；往往是在别人追求短期资源的时候，能够识别关键价值并且去积累价值。

可后面一旦面对巨大的增长预期，就很容易为了追求增长而放弃价值创造，开始因循守旧面向过去，开始不关注用户而是计算自己的利弊得失，开始抓取短期的增长数据以提高安全感，最终陷入了瓶颈。

最近我最大的感触就是，打破这种增长瓶颈的怪圈，需要根本性切换自己的视角，从一个追求增长的视角，变成价值创造的视角，而这需要很大的勇气，也需要信念。

用产品经理思维做出超级地推

按语：本文是乐纯酸奶创始人刘丹尼在大众点评工作期间一次地推工作的复盘。在这里，你可以通过一个具体的实操案例来了解推广工作要考虑的细节和不断改进、提升效率的方法。具体内容略有删减。

今年（2014）上半年的时候我在大众点评工作。4月至6月的这段时间里，大众点评打响了一个进入国内三、四线市场的品牌推广项目——产品内部广告、写字楼LCD（液晶显示器）广告、楼宇框架广告、公交站候车厅广告、电影院片前广告、地面推广、PC（个人计算机）端在线推广、移动端在线推广、社会化媒体营销——横跨9个渠道，覆盖全国20多个三、四线城市。

作为这个项目的领导者，我一个人对接了大概十几个不同资源的负责人，当中有两个月体重直接掉了10斤。其中的一些城市，你可能连名字都没有听说过，那里的群众用手机QQ的频率甚至还略高于微信，而且他们绝大部分人从来没有听说过大众点评，所以，这似乎就是一个从零开始的"创业"项目。

因为各种原因，这里讲的只是这个项目中的一个小环节：地面推广，俗称地推。更准确地说，是地推这个小环节中的一个更小的环节——发传单。

发传单这个事情，做过的人肯定知道，转化率通常是在0.3%~0.5%。也就是说，你发10000张上面印着各种降价优惠商品的传单，会有30~50个人通过扫描上面的二维码下载你的App客户端。如果上面再附上什么"10元抵用券"之类的，转化率会更高一些，约在0.8%~1%。

小于1%的转化率，这是大部分O2O（线上到线下）、电商、移动互联网公司交出的"发传单"答卷。

而在这个大项目中，我们发传单的转化率是多少呢？

22.3%。

我们实现了22.3%的转化率，是传统传单转化率的20~40倍。那么问题来了——我们是怎么做到的呢？

背景

目标：让N万三、四线城市用户使用大众点评。因为三、四线城市用户对"点评"功能的需求几乎为零，所以能够切入这些市场的产品就是团购。项目目标进而转化成了获取新团购购买用户。

策略：以5元爆款团购为主题的大促销（是不是听上去觉得挺无聊的，这才是乐趣所在）。上团购，花5元就可以看一场电影，或者花5元可以买价值20元的面包、甜点等。电影票和面包券均是最畅销的团购产品，再配合线上线下所有产品的免费、付费渠道的推广，为期两个月，覆盖了25个城市。

所以你就不难算出，这是一个几千万元级别投入的推广项目。

那么问题来了，在对新市场几乎一无所知的情况下，你如何策划，才能确保这样一大笔钱都花在了有效的地方？

策划即产品

与传统上大家认为的策划不同，我有个新观点：一个策划就是一个产品。

一个产品的领导者至少需要对接用户沟通、前端开发、后端开发、界面设计和数据分析5个负责人。他需要充分理解和挖掘用户的需求，并协调内部利益，领导他们做出好产品。

作为这个案例项目的领导者，我需要对接：

（1）产品——让产品团队理解推广策划的优惠逻辑，并把它与现有的App和PC端产品相结合。

（2）技术——技术人员需要安排开发时间，并和产品一起与项目团队负责人讨论技术限制。

（3）销售——25个城市的团购区域团队都需要配合这个项目，谈下相应的优惠团购单。

（4）诚信——防止大规模优惠推广中的作弊行为。

（5）设计——让设计团队明确整个活动中涉及的所有平面VI（视觉识别系统）设计需求，并不断审核迭代。

（6）BI（商业智能）——让数据分析团队追踪不同优惠产品、不同城市、不同媒体投放的效率，从中获得宝贵的实战经验。

（7）公关——传统新闻媒体的预热和跟进报道。

（8）社会化媒体营销——与社会化媒体营销团队敲定社会化媒体上的推广策划案，并与公司自有社会化媒体渠道结合，关键是要配合好两个月活动中每个星期的节奏。

（9）地推——给地面推广团队设计一套最有效的地推方式，并保证地推方案在下达到 25 个城市区域团队后，它们能够完整地执行。

（10）在线推广——配合该推广项目，PC 和 App 端的十余个渠道的在线流量购买以及相关的投资回报率分析。

（11）4 个传统广告媒体——落实写字楼 LCD、楼宇框架、公交站候车厅、电影院片前广告，在 25 个城市的上千个广告点位中，确定分别在哪些城市的哪些时间投放哪些点位、哪些内容。

相比起产品，策划的开发周期更短，市场的不确定性更高，涉及的环节更多，其实这些都是产品思维善于解决的问题。

当你从"做好一个产品"的角度去看策划的时候，你就能意识到协调和管理这十多个环节只是做好产品的手段，而不是目的。你必须在这些环节中，破除干扰，牢牢抓住对整个策划（产品）影响最大的那一条线。

这条线就是产品思维的核心——用户场景。

挖掘用户场景

产品新人有一个通病，就是喜欢在产品里堆积酷炫功能。

很多做营销的人的通病，就是喜欢堆积 FAB（Features, Advantages, Benefits，即产品功效、优点及客户利益）。比如你看一个转化率是 0.5% 的电商传单上，一般就是打印着一堆优惠，例如："电冰箱 8 折！""看电影 5 折！""仅限十一黄金周！""买 100 送 50！"，然后上面印了十几个优惠商品。

这样的设计都是创意驱动或是资源驱动的。换句话说，这是从设计者拥有的资源出发，有什么创意就往上加，有什么 FAB 就往上堆。推向市场以后，又问："为什么消费者都不买账呢？"

如果让一个产品经理来分析这个问题，答案就很简单了：因为你不是从用户需求出发的。

有人反驳："我给优惠，难道不是瞄准用户需求吗？"

不是。因为用户需求是分场景的，他在超市结账的时候，对于一张 20 元抵用券的需求，和他在电梯里看到你的框架广告的时候对于同一张 20 元抵用券的需求是不一样的。

所以，做产品的人都知道"用户场景"这个词，即用户使用产品时的最常见场景是什么。围绕着这个场景，才能做出具有黏性的好产品。

我们回到"发传单"这个小环节中，你需要思考的问题是："用户通常是在什么样的场景下拿到我的传单的？"

于是你就会发现，用户拿传单的场景需要被拆分成三个细分场景：（1）选择接受传单的场景；（2）阅读传单上的内容的场景；（3）根据传单上的内容做出行动的场景。

在这三个场景中，第一个场景的优化可以提高传单的接受率；第二、第三个场景的优化可以提高传单的转化率。在每一个场景上提升 3~5 倍转化率，最终就可以带来 20~40 倍的转化率差距。

第一个细分场景：选择接受传单

很多人以为发传单的关键只有一张传单的内容本身。事实上，这个立体的场景里至少有四个重要元素：传单，发传单的人，用户的心情，用户所处的环境。

用户看到地推人员时，往往是在商场或 CBD（中央商务区）来去匆匆的道路上。他是忙碌的，而他对陌生的地推人员往往是带着一些抵触情绪的。你的"传单产品"——记住，不仅仅是传单本身，还有发传单的人和他所说的话——如何适应这个场景？

大部分 O2O 公司的大促销地推人员在发传单的时候，会努力加上 15~30 秒的话术，例如："你好，我是 ××× 公司的。现在下载我们这个 App 看电影只要 5 元钱，你只要扫一下这个二维码，然后点击下载，然后……"

这样做有三个问题：（1）降低了地推的效率；（2）话术越长，执行中打折就越厉害；（3）一个陌生地推人员说这么多话，与在商圈大街上正常行走的人的情绪是不匹配甚至相抵触的。

那么，如何走出简单高效、容易传授又充满情绪共鸣的第一步呢？当你围绕着这个场景去思考以后，答案就出来了：

地推人员送上一个大大的微笑，然后说：

"你好！送给你五块钱的快乐！"

说完，就递上传单。然后转向下一个。

用户往往还没有经过逻辑思考，就已经接受了。事实是，大部分人决定接受或者不接受传单只有不到 0.3 秒的时间，哪来什么逻辑思考，全是情绪驱动。

第二个细分场景：阅读传单

但是"五块钱的快乐"是在说什么呢？（别忘了我们的核心优惠是五块钱的电影团购券之类的。）在接到传单以后，用户阅读传单上的内容的时间一般也不超过 1 秒钟。这样想，你很快就可以理解上面印 12 个优惠商品再加上三行打折信息是没用的。你如何设计一个在 1 秒钟内就能让用户决定行动的"传单产品"？

很多做营销的人觉得 CTA（Call To Action，即说服阅读信息的人积极采取行动）一定是基于优惠。这是一个非常错误的思维定式。因为优惠是一个逻辑概念，而人是一个情感动物，人类几乎所有行动决策的临门一脚都是情感驱动的。

所以你的 CTA 应该基于一个情感诉求，而非逻辑诉求。所有优惠的存在，都应该是为了推向一种情绪。

继续分析场景。大街上接到传单的用户可以分为两种状态：一种是处在逛街中欢乐的状态，另一种是处在奔波中、前往上班路上，或者刚刚下班的疲惫状态。

在这两种状态下，你的"产品"如何介入他们的视野，才能够在 1 秒钟内激发他们的 CTA？

以下是我的答案（但不一定是最好的）：

没有七八个优惠商品，没有折扣力度，没有下载 App 的提示，甚至连周围的那些小字都是设计团队坚持说"不加实在是太丑陋了"

才加上去的（见下图）。其实我觉得不加效果可能更好。

有人可能会问："你连优惠都没有交代，根本没有达到目的啊！"

用户路径中的每一个步骤，只传递一个信息或者一个指令，就已经足够了。最忌讳的就是试图在一个步骤里告诉用户5件事情，这会让用户不知道究竟该干什么。

而这个传单只是试图在 1 秒内传达一个与用户场景有情绪共鸣的信息："扫一扫这个二维码，你会获得一些快乐。"（再带上一些好奇心情绪的驱动加成。）

第三个细分场景：做出行动

现在用户决定行动了。

这时候大部分用户的场景是什么呢？他们正行走在没有 Wi-Fi（无线局域网）的大街上，而手机流量又特别宝贵（2014 年），所以，你的"传单产品"必须在这种非常恶劣的条件下，让用户非常轻松简单地完成整个操作。你会怎么做呢？

传统 O2O 电商的做法是，让用户扫二维码，然后去应用市场下载 App。这又是一个充满本位主义（"我想要你下载我们几十兆字节大小的 App"）、不思考用户场景的做法。最终结果就是转化率极低。

针对这个场景，我们做了一个简单有效的优化：用户扫了二维码以后，直接连接到我们建立的一个本地微信公众号。我们在这个公众号的简介中，给出了"5 块钱可以看一场电影"的 FAB。在用户点击关注以后，系统的第一条自动回复就是下载 App 的链接。

这样，如果用户不在乎流量或者在 Wi-Fi 环境下，他可以当场下载；或者他在进入 Wi-Fi 环境以后，依然保留着这个下载链接。

而在用户忘记了的情况下，我们会通过后续推送对用户有价值的本地生活信息，来提醒他回到这个下载链接中，直到完成最终的转化。此外，作为一个本地生活服务信息提供商，你还建立了在本地城市的媒体渠道，但这是后话了。

最重要的是，你已经成功地让用户做出了第一步行动。行动是有加成效应的，也就是说你有了第一步简单的行动，就会有更大的可能去做出第二步、稍微困难一点的行动。

MVP 策划和 ABCDE 测试

当然，营销方案不是拍脑袋拍出来的。

现在你刚刚有了一个基于你对于用户场景的分析得出的产品，但是，你还不能把它铺到 25 个城市。你的产品设计、平面设计、文案设计是建立在假设基础上的。包括我上述的分析，如果没有最终数据的正向支持，它就是错的。我只相信数据。

做产品的人，这时候会抛出一大堆很酷炫的名词，比如 MVP（最小化可行性产品）、AB 测试（小规模测试不同方案）、灰度发布（让一部分用户和另一部分用户进行对比测试）。

其实这也不是什么新概念，只是很少有人把它们用到营销中来。而要想严格执行到底，并且做好数据跟踪和分析，对营销团队的执行力就有更高的要求。

在这个传单的设计上，我们在三天内做了五个版本的对比测试，每个版本发 1000 份传单：

版本一：传单正面是买 50 送 50 的优惠信息，二维码是微信号；反面是传统的超优惠爆款陈列。

版本二：传单正面是买 50 送 50 的优惠信息，二维码是应用市场；反面是传统的超优惠爆款陈列。

版本三：传单正面是"五块钱的快乐是什么？"的标题，下面是超优惠爆款陈列；反面是公司 logo 和口号。

版本四：传单正面只有"五块钱的快乐是什么？"，反面是超优惠爆款陈列。

版本五：传单正面只有"五块钱的快乐是什么？"，反面没有任何信息。

因为内容不同，优惠方式也不同，所以做这 5 个版本的测试要求设计团队、地推团队、数据分析团队、物料团队、销售团队（需要谈一下相应爆款团单）在三天内紧密配合。

最后测试结果的数据显示，版本五的转化率最高：发出去 1000 份传单，带来 223 个关注，当天下载 App 的占 25%，而其他版本的转化率都在个位数。

我们在两个城市都用版本五做了测试，都得到了 22% 左右的数据。最终敲定了这个方案，也就是你在上图所看到的那个"很简单"的设计。但它一点也不简单。

在这个"传单产品"被铺开到 25 个城市以后，它维持着 20% 的转化率——这是一个发传统传单的人很难想象的恐怖数据。但通过以上的分享，你能理解我们是如何一步一步将它变成现实的。

所以希望你能够通过这有限的篇幅，通过一个很微观的例子，看到我眼里的营销——一个集合了对于心理学和人性的把握、对于产品设计的经验、对于创业方法论的积累、对于数据分析的敏感度，却又充满创意和乐趣的工作。

做好产品和做好营销完全不冲突，两者互相让对方变得更有力。

谨以此文，勉励许多辛苦工作、充满天赋的营销从业者。

扫码收藏本章金句

终极武器——最终的三个锦囊

不知不觉，本书已经写到了最后。

在本书的最后，我不想再讲什么具体技巧和方法了，我想跟你聊一聊经营一家企业的终极武器。即使本书前面的所有内容你都没读过，我相信你只要读了这一篇并能严格执行，也同样有收获。

我一直强调，做营销不是最终目的，做品牌也不是，我们最终的目的是要获得企业经营的成功。那怎么才算企业经营的成功呢？我认为，所谓成功，就是达到了你设定的那个目标。

投资品牌资产也好，做推广做渠道也好，都是为了获得经营的成功。

你说你不会做品牌，不会做营销，也没关系，我送你三个最终的锦囊，只要你能彻底执行，一般也不会做得太差。

第一个锦囊：模仿

我在本书中曾经提到过模仿律，其实人类是在模仿中前进的，人类几乎所有的行为都是模仿行为。如果没有模仿，我们的文化、精神、行为模式、价值观就无法延续下去。

既然整个人类社会都是在模仿中发展的，那企业作为人类社会的一小部分，当然也是在模仿中发展的，所以当你有什么不会的时候，你去模仿就好了。

但模仿不是胡乱模仿，而是要找到那个最标杆的模仿对象去模仿。万通地产的创始人冯仑曾经讲过一个故事，大概意思是说，他觉得万科很厉害，因此万通就没必要创新，只要模仿万科就好了。后来他跟员工说，遇到什么事，去问问万科遇到这种事会怎么做，万通也这么做就好了。

这不是个笑话，而是一个很好的经营思路。

比如你做快消品，你还不太了解怎样才能管好线下渠道，那你首先就要找到一个模仿对象，然后努力去学习它就好了。在中国市场，这个模仿对象应该是谁？应该是可口可乐、雀巢、康师傅、伊利、飞鹤这种线下渠道做得最好的几家企业。

你应该做的，是找到这些企业负责线下渠道的资深人士去请教，或者请他们来做顾问。

经常有人来问我一些问题，有些问题我确实不懂，那我有个万能的答案，就是看看你做得最好的同行是怎么做的，你去搞清楚，然后跟着做就好了。

如果要搞数字化营销，你应该学瑞幸；如果想打造网红店，你应该学喜茶，学太二酸菜鱼；如果想改善生产，你应该学丰田；如果想做好企业复盘、地推和运营管理，你应该学美团；如果想引入OKR（目标与关键成果法），你应该学字节跳动；如果想管理和运营快餐店，那你应该学麦当劳。

如果你在一个行业，连行业最好的品牌怎么做的都不知道，那我觉得你经营企业是不合格的，做得不好，也怪不得别人。

第二个锦囊：执行

如果一个好想法值 100 万元，那一个好执行就值 1000 万元。

任何一个企业，最终能走向伟大，都离不开一个因素，那就是执行。任何企业、任何人，要想做成事，光有好想法是远远不够的，要有好的执行才行。

我刚才说模仿，模仿只是第一步，如果你只是明白了怎么做，却没有彻底执行，那我刚才说的第一个锦囊就等于零。国内有一家近几年快速发展的快餐品牌，它的老板了解到萨莉亚在提升效率方面做得非常好，他就决定模仿萨莉亚的做法，去提升自己品牌的效率。如果是你，你会怎么办呢？你可能想过很多办法，比如找人学习，找资料学习，等等。但这个老板的执行极其彻底，他直接去萨莉亚餐厅应聘，做了三个月萨莉亚的员工。

你可以想想看，你有这种执行力吗？

我们讲推广三角的时候，举过某外卖平台在乌鲁木齐抢市场的故事，说的是甲平台员工帮餐馆老板打包乙平台外卖盒时，顺手把甲的传单放进乙的外卖中，但这不足以撼动乙的市场地位，顾客也未必会被甲吸引。那甲还有第二招，就是去死磕那些乙也没搞定的餐馆。这种餐馆通常是那种夫妻店，生意很好，不需要做外卖。中午饭点一过，甲的员工就跑到这些餐馆里帮老板洗碗，一洗就一个月。到最后老板真的感动了，决定上甲外卖平台。这样甲就获得了一个独特的经营优势，因为这个餐馆乙平台没有，你要点外卖，只能去甲平台。甲的员工会一家一家死磕这种餐馆。

这不是什么秘密，而且作为竞争对手，乙不可能不知道甲的动作，可是他们竟然没办法抄袭这种做法。

执行力做到极致，一定是一个可怕的竞争对手。

光老板有执行力还不行，员工的执行力也要强，全公司都有执行力才行。

第三个锦囊：创新

经营一家企业，要想获得丰厚的利润，必须进行创新。

熊彼特是研究企业创新理论的鼻祖，他说企业只有在创新时才能获得超额利润，一旦创新被模仿，或者企业的创新停止了，那企业的超额利润就消失了，它就只能获得社会平均收入。

这里说的创新并不是发明，而是一种全新要素的利用和重新组合，也不仅仅局限在技术层面，产品设计、功能体验、组织结构、渠道开拓、股权分配、激励方式等企业经营的方方面面都有可能进行创新。

源自吉林长春的早餐品牌 1949 豆腐脑，首创将油条涂上肉松，这让油条的价值感大增，普通油条卖 2 元一根，他们的油条就可以卖到 5 元一根，这就是产品的创新。

我们书中提到的那个汽修厂，它的老板让美团外卖骑手帮他寻找潜在客户，这就是渠道的创新。

华莱士把稻盛和夫的阿米巴经营模式与餐饮企业经营结合，创造出独特的合伙人加盟模式，成为中国门店数最多的汉堡品牌，这就是企业经营模式的创新。

爱玛电动车发动几万家专卖店店主做抖音内容，一周可以生产

3万条视频，这是内容生产模式的创新。

生财有术聚合成千上万有实践结果的会员，通过会员分享给会员的方式做知识交付，这是付费社群模式的创新。

模仿是让你获得一张行业内生存的会员券，创新则让你成为VIP会员，获得更多特权，而这两项工作，都需要执行来保障效果。

这就是我最后分享给你的三个锦囊，祝你在残酷的商业世界中活出生机勃勃的生命形态。

《卖货真相》并没有终结，我们会总结小马宋公司的咨询实践案例，持续为你贡献更多内容，欢迎期待"营销笔记"系列第三部。

你也可以关注小马宋的同名公众号、视频号、抖音、得到知识城邦、小宇宙播客等自媒体，随时获得营销与企业经营方面的知识分享。

在公众号"小马宋"回复"读书群"，即可加入由小马宋本人维护的读书群。